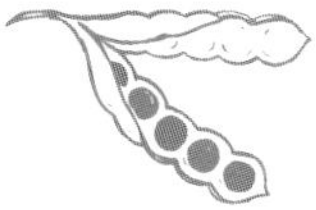

ちっちゃくて ちからもち

黒千石大豆

Story & Recipe

村井 宣夫 ＋ 黒千石制作委員会　著

はじめに

皆さんは「黒千石《くろせんごく》」という豆をご存じでしょうか。
もう既に食べている方もいれば、名前は聞いたことはあるけれど、
まだという方もいらっしゃるでしょう。
この黒千石は黒豆の中でも極小粒のかわいらしい
北海道の在来種の大豆です。
栄養価が高くしかも健康にも良いことから、
手軽に日々の食生活改善ができる食材として注目されています。
でも普通の大豆と比べて栽培がしづらいため、
道内でも一時期、ほとんど栽培されない期間もあったことから
「幻の黒大豆」「奇跡の小粒黒大豆」などと呼ばれたりもしています。
この黒千石は戦前、畑の肥料や農耕馬、
軍馬のエサにしていたそうで、
北竜町の農家だった私の家でも子どものころに
栽培していた記憶があり、祖母がこの小さな黒豆を
「きな粉豆」と呼んでいたことを覚えています。

私は今まで、その北竜町で農家をしながら
地域の振興のためにさまざまな活動を続けてきました。
そして、この昔懐かしい「黒千石」を何とか私の生まれ故郷で
「復活」させたい、休耕地が増えていくばかりの農村地帯の
ふるさとを「『黒千石』で何とか元気にさせたい」と考え、
２００４年から本格的な栽培に向けて動き始めたのです。
「復活劇」の詳しい内容はこの本を読んでいただきたいのですが、
私たちの活動が実を結び、北竜町だけでなく乙部町など
道内各地の生産者が黒千石を作付けするようになり、
２００７年には「黒千石事業協同組合」を設立し、
私はその会長となって黒千石の生産拡大と普及活動に、
それこそ先頭に立って邁進してきました。
黒千石の知名度は少しずつ高まり、
今では昔ながらのきな粉をはじめ、豆ご飯の素、お茶、納豆など
食卓でも手軽に黒千石が取り入れられるような製品も
続々と登場し、若い女性を中心に幅広い年齢層に
受け入れられるようになりました。

私自身この黒千石を毎日口にしてから
高めだった血圧が正常値まで下がっていきました。
というのも黒豆の黒い皮には抗がん作用のある
ポリフェノールの一種のアントシアニンが豊富で、
このアントシアニンは血管を老化させる活性酸素を抑制する
効果があると言われているのです。
さらにこの黒豆の中でも黒千石だけに、
免疫力を高める「インターフェロンγ（ガンマ）」を生成する物質が
存在することが、専門家の研究で分かりました。
皆さんはそんな黒千石の素晴らしい特性をご存知でしたか。
私はこの優れた黒大豆の素顔をより多くの人たちに
分かってほしい、そして日々の健康のためにも
欠かさず食べてもらいたい、との思いからこの本を制作しました。
黒千石の特徴から機能性をできるだけ詳しく、分かりやすく
イラストや写真を交えて紹介しています。
また黒千石を使った簡単レシピ集も
片山寿美子さんの監修のもと作成しました。
この本を手に取って読んでもらえれば、あなたもきっと

すぐに黒千石ファンになっていただけるはずです。
そして黒千石だけでなく日本で収穫できる国産大豆や
豆類の素晴らしさをもう一度見直し、
輸入に頼らない食生活と日々の食事の改善に
つなげていただければ、こんなにうれしいことはありません。

村井 宣夫

もくじ

第1章

黒千石のこと

青大豆

黄大豆

黒千石大豆

黒大豆

大豆について

マメ科の植物は世界に1万8千種類もあるそうで、そのうち種子を食用にできるのは約70種類と言われています。大豆はその代表格ですが、大豆以外にも小豆、ソラマメ、エンドウ、ササゲ、インゲンなど実にさまざまな豆があるのです。

大豆でも黄大豆、青大豆、黒大豆、茶大豆と種皮の色によって違いがあります。中でも黄大豆が最も品種が多く、その種類だけでも約400品種あると言われています。日本人の調味料である味噌、醤油、伝統的な加工食品である納豆や豆腐の多くは、この黄大豆から作られています。

青大豆も最近は豆腐などでも使われるようになってきており、北海道で品種改良された「音更大袖」は寒さに強い品種です。緑色の種皮に黒い斑点がある「くらかけ豆」も青大豆の仲間です。

黒千石が属する黒大豆といえば、お正月のおせち料理に欠かせない煮豆がおなじみですね。中でも大粒の「丹波黒」は有名で、北海道で栽培されている「中生光黒」「トカチクロ」や「いわいくろ」も色つやがよく煮豆に使われます。茶大豆は最近注目されるようになり、有名なのが山形でとれるえだまめの「だだちゃ豆」でしょうね。

食卓に欠かせない大豆製品

主に使われる豆　黄大豆　青大豆　黒大豆

えだまめ

煮　豆

豆　腐

納　豆

醤　油

味　噌

豆類はその成分から大きく３つのグループに分けられます。大豆は乾燥重量で、タンパク質が30％以上ある「タンパク質グループ」、落花生は脂質が40％以上ある「脂質グループ」、そして小豆、ソラマメ、エンドウ、ササゲ、いんげんなどは炭水化物が50％以上ある「炭水化物グループ」となります。その成分の違いによって料理や加工品などいろいろな用途に使い分けているのです。

このように大豆は日本人にとってなくてはならない食材と言えますが、最近では機能性の面からも注目されてきています。

ちなみに大豆の国内生産量は２０１５年（平成27年）には24万３千トンで海外からの輸入量が３２４．３万トンなので、大豆の自給率は７％にとどまっています。しかし最近は国産大豆が見直されており、自給率は少しずつ上向いています。

１９６０年（昭和35年）に28％だった自給率は年々減少し、93年（平成５年）から95年（平成７年）までの３年間はたった２％までに落ち込みました。でもそのころから国民の健康志向も手伝って国産大豆はほんとうに少しずつですが消費量が増え、それに合わせて国内生産量も増えていきました。

94年（平成６年）に９万９千トンだった生産量が、２０００年（平成12年）には23万５千トンまで回復し現在に至っているのです。

都道府県別でみると栽培面積、生産量とも１位はなんといっても

北海道です。２０１６年（平成28年）の栽培面積は４万２００ヘクタール、生産量は８万２４００トンで、国産大豆の実に30％以上は北海道産なのです。ちなみに栽培面積で北海道に次ぐのが宮城県。そして秋田県、福岡県、佐賀県と続いています。品種別では福岡県の「フクユタカ」の栽培が最も多く、北海道産「ユキホマレ」は２位、３位は新潟県の「エンレイ」、次いで秋田県の「リュウホウ」、宮城県の「タチナガハ」と続いています。

北海道ではこの「ユキホマレ」の栽培面積が１万４０５８ヘクタールにもなり、道内の実に41％の大豆栽培面積を誇っています。次が「ユキシズカ」の15％、「トヨムスメ」の12％と続き、この３品種で70％

＊国産大豆の生産量と自給率の推移

	国内生産量（単位:トン）	国内消費量（単位:トン）	自給率（%）	食用自給率（%）
昭和35	41万8千	151万7千	28	61
40	23万	203万	11	35
45	12万6千	329万5千	4	16
50	12万6千	350万2千	4	14
55	17万4千	438万6千	4	20
56	21万2千	442万6千	5	24
57	22万6千	455万	5	25
58	21万7千	496万	4	24
59	23万8千	481万4千	5	25
60	22万8千	502万5千	5	24
61	24万5千	501万7千	5	25
62	28万7千	498万6千	6	28
63	27万7千	486万7千	6	27
平成元年	27万2千	474万8千	6	26
2	22万	482万1千	5	21
3	19万7千	462万8千	4	19
4	18万8千	482万2千	4	18
5	10万1千	499万9千	2	10
6	9万9千	488万1千	2	10
7	11万9千	491万9千	2	12
8	14万8千	496万7千	3	14
9	14万5千	504万	3	14
10	15万8千	489万6千	3	15
11	18万7千	500万4千	4	18
12	23万5千	496万2千	5	23
13	27万1千	507万2千	5	26
14	27万	530万9千	5	25
15	23万2千	531万1千	4	22
16	16万3千	471万5千	3	15
17	22万5千	434万8千	5	21
18	22万9千	423万7千	5	21
19	22万7千	430万4千	5	21
20	26万2千	403万4千	6	25
21	23万	366万8千	6	22
22	22万3千	364万2千	6	22
23	21万9千	318万7千	7	22
24	23万6千	303万7千	8	25
25	20万	301万2千	7	21
26	23万2千	309万5千	7	24
27(概算)	24万3千	338万	7	25

農林水産省「作物統計」より

＊大豆生産都道府県順位（平成28年）

順位	作付面積（単位:ha）		10a当り収量（単位:kg）		収穫量（単位:t）	
1	北海道	40,200	福井	208	北海道	82,400
2	宮城	11,300	北海道	205	宮城	18,400
3	秋田	8,480	新潟	192	秋田	12,700
4	福岡	8,430	長野	169	佐賀	12,400
5	佐賀	8,370	宮城	163	福岡	12,100
6	滋賀	6,680	神奈川	162	滋賀	10,200
7	山形	5,150	栃木	157	新潟	9,890
8	新潟	5,150	滋賀	152	山形	7,830
9	青森	4,810	山形	152	青森	7,220
10	富山	4,810	秋田	150	富山	6,060

農林水産省「作物統計」より

近くを占めているのです。道内の生産地では十勝地方が最も多く、上川、空知、胆振、石狩地方と続いています。

大豆の２０１６年の自給率は７％なので、残りの93％は海外に依存していることになります。数量は総計で３１３万トンにも上りますが、その70％以上がアメリカ産で２２４万トンにもなります。次いでブラジルの52万トン、カナダの34万トンと続いていますが、この３カ国の大豆のほとんどが遺伝子組み換えで栽培されています。さらに日本へ海上輸送される間、カビなどが生じないよう収穫後にも農薬散布（ポストハーベスト）をしているため、大豆の安全性に不安があります。

＊北海道で作付けされる大豆ベスト10（平成27年）

順位	品種名	作付面積（単位：ha）	割合（%）
1	ユキホマレ	14,058	41.5
2	ユキシズカ	5,202	15.3
3	トヨムスメ	4,066	12.0
4	スズマル	1,906	5.6
5	いわいくろ	1,895	5.6
6	とよみずき	1,398	4.1
7	ユキホマレR	1,270	3.7
8	トヨコマチ	696	2.1
9	音更大袖	568	1.7
10	トヨハルカ	407	1.2

農林水産省 穀物課より

＊日本で作付けされる大豆ベスト10（平成26年）

順位	品種名	作付面積（単位：ha）
1	フクユタカ（福岡）	34,507
2	ユキホマレ（北海道）	12,118
3	エンレイ（新潟）	11,831
4	リュウホウ（秋田）	9,600
5	タチナガハ（宮城）	7,485
6	ミヤギシロメ（宮城）	4,439
7	里のほほえみ（山形）	4,176
8	おおすず（青森）	4,064
9	ユキシズカ（北海道）	3,791
10	サチユタカ（広島）	3,334

農林水産省「大豆都道府県別品種別作付状況」より

＊主要国の大豆生産状況（平成28年）

	生産量（単位：トン）	収穫面積（単位：ha）	10a当り収量（単位:kg）
世界合計	3億3662万4千	1億2118万5千	278
アメリカ	1億1720万8千	3348万2千	350
ブラジル	1億400万	3390万	307
アルゼンチン	5550万	1900万	292
中国	1290万	720万	179
インド	1150万	1140万	101
日本	24万	14万	171

米国農務省「穀物等受給報告書」より

黒大豆について

昔から伝わる中国の漢方薬の本に、大豆は内臓の働きをよくする機能がある薬として書かれていました。その大豆の中でも特に黒大豆の皮は「黒豆皮（こくず）」と呼ばれる生薬として、いろいろと活用されていたというのです。ですから黒大豆は黄大豆よりも漢方薬として頻繁に出てくるそうです。日本でも昔から黒大豆の煮汁を飲むと咳が止まったり声が良くなったりするなどと言われ、民間療法として知られていたようです。

黒大豆の皮に多く含まれる色素は抗酸化作用のあるアントシアニンと呼ばれるポリフェノールの一種の成分で、ブルーベリーや赤ワインにも多く含まれています。大豆に多く含まれるイソフラボンもこのポリフェノールの一種。ポリフェノールは植物の色素や苦みなどの成分で、老化を防止する効果があると言われています。

体内に入った酸素は体に悪影響を与える活性酸素に変わって老化やさまざまな病気を引き起こします。この酸化を抑制する働きを「抗酸化」と言いますが、特に黒大豆は他の大豆よりもアントシアニンだけでなく、イソフラボンやサポニンといったがんを抑える成分が多いのです。このイソフラボンは女性ホルモンに似た働きを

するためホルモンバランスを整えたり骨粗鬆症の予防にも良いとされます。サポニンは肥満を抑制し、動脈硬化の予防効果があると言われています。この黒大豆は昔から煮汁が体によいとされていましたが、煮汁を飲んでいたことを考えれば、調理方法は煮て食べるのが多かったのでしょうね。

その黒大豆の中でも最も有名な「丹波黒」は煮豆の代表格で、今では高級食材の1つにも数えられるようになりました。北海道で育成された黒大豆もおせち料理の黒豆として使われています。十勝農業試験場で育成し、1984年に優良品種となった「トカチクロ」、1998年に中央農業試験場で育成された「いわいくろ」などがそうです。

「トカチクロ」はそれまで根室や釧路、宗谷などの寒冷地を除いて広く普及・奨励された「中生光黒」の後継品種です。在来種の「中生光黒」は晩生品種で安定的な生産が難しかったことから、早熟で多収量の黒大豆を目指して品種改良して育てられたものです。「いわいくろ」は道央、道南、十勝地方と広く栽培されている品種で、「トカチクロ」よりも少し大きめの黒大豆です。煮ても皮が破れにくいためその名の「祝黒」の通り、お祝いの席の黒豆にはぴったりかもしれません。

道南地方でもかつては在来種だった黒大豆を戦後間もなく優良

品種にして奨励していました。厚沢部町産の「檜山黒一号」と「檜山黒二号」ですが、今は優良品種から外されました。道南地方では優良品種からはすでに外されていますが「晩生光黒」が一部農家で生産されているようです。極大粒の黒大豆で「晩黒」「函黒」と呼ばれて重宝されています。

ちなみに黒大豆で最も有名な「丹波黒」は、兵庫県丹波地方で古くからあった在来種で、超極大粒の大豆です。江戸時代に丹波篠山藩主が時の将軍に献上していたという記録が残っているそうです。そのお陰で年貢が免除されたことから、「丹波黒」の生産が奨励されて特産品になったとのことです。

黒千石がまぼろしの黒大豆なワケ

黒千石大豆とは

北海道の在来種の黒大豆で、その中でも極小粒の豆です。100粒の重さは10～11グラム。「丹波黒」の100粒重が80～90グラムですので、並べてみるとほんとうにちっちゃくてかわいらしい豆です。種皮は光沢のある黒色ですが、中身はとてもきれいな緑色をしています。「エメラルドのようなグリーン」、というと大げさかもしれませんが、ちょっとかじるだけで本当に美しい緑色の実を見ることができます。ほのかな甘みと風味、また小粒ならではの独特の食感があり、料理研究家や一流レストランシェフからも高い評価を得ています。

2006年から2年間、日本食品分析センターが機能性成分分析をしたのですが、黒千石には他の黒大豆と比べて、イソフラボンを含むポリフェノールの数値が高い結果が出ています。また黒千石大豆のアントシアニンは普通の黒大豆の約2倍とも言われています。さらに2011年には北海道大学遺伝子病制御研究所で、

黒千石からがんの免疫力を高め、しかもアレルギー症状を抑えるインターフェロンγ（ガンマ）の生成を促す物質の存在が発見され、黒千石の機能性にがぜん注目が集まったのです。

しかし生産量は黒千石事業協同組合だけでも年間３００トン前後（２０１６年度）しかありませんので、一般市場に出回る量は限られています。国産大豆の生産量は24万トン、有名な「丹波黒」も２４００トンありますから、数量からも「幻の黒大豆」と言っていいでしょう。

黒千石の効能を実感する

私は10年以上毎日欠かさず黒千石をきな粉にして食べてきましたが、最も顕著に効能が表れたのが血圧です。飲む前には１８６もあった血圧が１２０まで下がったのです。20年近く高血圧で悩んでいたのでびっくりです。

医者からも「村井さん、何か血圧の薬は飲んだか」と聞かれたのですが、「何も飲んでいませんよ」と話したのです。医者は不思議がって「血圧がこんなに下がる患者って、今までいないな」と言うのです。私は黒千石に含まれるさまざまな有用成分が効いたのだなと思っていますが、特にインターフェロンγ（ガンマ）のお陰で、血液がきれいになり免疫力が高まったと思っています。

＊黒千石を常食してからの村井の血圧値の変化

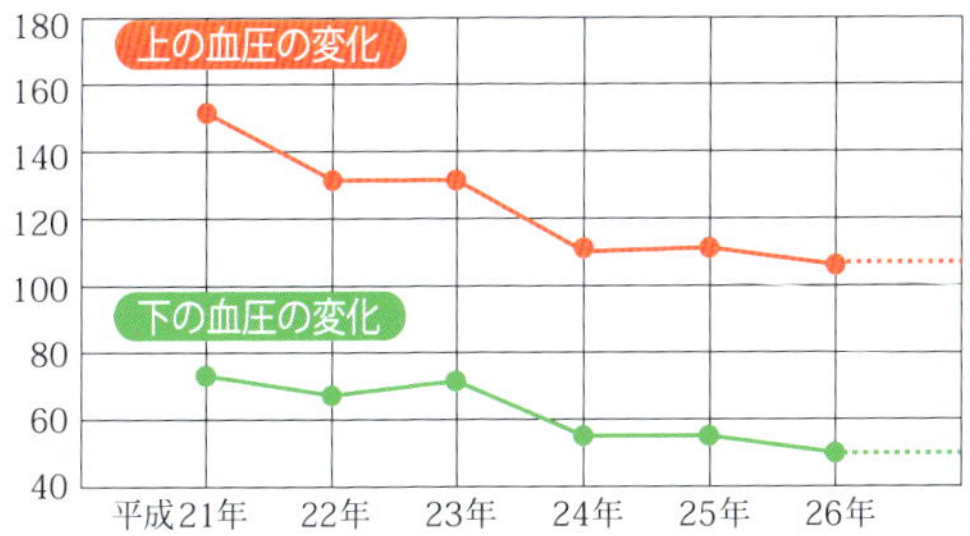

上の血圧の変化
下の血圧の変化
180
160
140
120
100
80
60
40
平成21年
22年
23年
24年
25年
26年

私と黒千石との出会いは

今では我が家の食卓に欠かせなくなった黒千石ですが、その出会いについてお話しましょう。それは忘れもしない私が尋常小学校3年生の1939年(昭和14年)、ばあちゃんの畑仕事の手伝いをしていた時でした。「ばあちゃん、こんな小さな黒豆、なんという豆なの」と聞くと、ばあちゃんは手も休めずに「これはなぁ、『きな粉豆』だよ」と教えてくれました。当時の我が家の畑でも、この黒千石を栽培していたのです。その年の大みそか12月31日だったと思いますが、ひき臼できな粉を挽き、つき立ての餅にまぶして家族でおいしく食べたのを今でもよく覚えています。それが黒千石との2度目の出逢いでした。ばあちゃんがフライパンで香ばしく煎った黒千石を兄と石臼で挽いてきな粉にしたこともあり、ことのほかおいしかったことが忘れられません。でもそれ以来、ほとんど黒千石を見る機会、口にする機会はなくなってしまいました。

緑肥用大豆だった黒千石

私がその時に口にした黒千石ですが、いろいろと調べると、もともとは緑肥用として栽培されていたということです。道内の種苗業者が黒千石という名前で採種し市販していた在来種を、当時の北海道農事試験場十勝支場(現・道総研十勝農業試験場)が収集し、1937年

（昭和12年）から品種比較試験を行った結果、十勝地方での緑肥大豆として適した作物だとして優良品種となったのです。

当時の十勝地方では緑肥大豆としては「茶小粒」という品種が、麦類の間作緑肥として最も適しているとされていたのですが、比較試験をしたところ、黒千石のほうが熟期の遅い「茶小粒」よりも採種量が期待できることから、十勝地方で広く緑肥用大豆として奨励されたようです。また、麦類の他にもナタネ、トウモロコシ、ジャガイモなどの間作緑肥としても利用されていたようです。この黒千石と茶小粒はともに、土壌改良の緑肥用だけでなく牛や馬などの家畜のエサとして飼料用青刈り作物としても活用していたのです。成熟する前に刈り取って乾燥させてサイレージとして使っていたのですね。青刈り大豆は泥炭地などの酸性土壌地の緑肥としても有用だったようです。

十勝地方で作付けを奨励する優良品種になったわけですが、私が小学校3年だった頃、北竜町でも、きな粉豆として食べていたのですから、十勝だけでなく空知地方でも作付けしていたのは間違いありません。

私たちが黒千石を復活させて収穫した時に、「これはきな粉豆じゃないか。懐かしいなあ」と言った農家もいました。戦後の１９５０年（昭和25年）に農林省がまとめた道産大豆の作付面積では、石狩地方に22ヘクタールあり、このことからも十勝地方だけでなく、ある程度広く黒千石が栽培されていたことが推測できます。ただこの石狩地方での作付けも、食用でなく泥炭地での土壌改良としての緑肥用だったのではないかと思われます。

「馬の漢方薬」と呼ばれた黒千石

『北海道農業技術研究50年』を見ますと、飼料用トウモロコシに青刈り大豆を3割ほど混入させると牛の泌乳効果があり、濃厚飼料の一部に替わりえるとされます。『北海道立新得畜産試験場100年史』では、牛用サイレージを乾燥牧草の代わりとして馬に与えることも農家の経営上利点が多いと指摘しています。馬のエサとしても黒千石は使われていたのです。

北海道の開拓の歴史は、農耕馬とともにあったと言ってもいいですし、馬なしには田畑を切り開くことはできませんでした。広大な十勝地方はなおさらです。農耕馬がこの青刈りした黒千石を食べると病気もせずに元気に働くので、「馬の漢方薬」とも呼ばれていたらしいのです。それだけ栄養価も高かったのでしょう。

黒千石が優良品種となった1941年（昭和16年）はまさに戦時の真っただ中で、その年の12月には太平洋戦争が勃発しています。十勝総合振興局によると、当時の十勝の馬の飼養頭数は農耕馬だけでなく軍馬生産も加わって、明治期から昭和初期にその数はどんどん増えていきます。戦後間もない食糧増産期の１９５６年（昭和31年）には6万5千頭にも達し、多くの農家で2、３頭の馬を飼っていたのです。ですから戦前戦後を通じて、十勝地方では大量の馬用飼料が必要で、牛用も含めて青刈り大豆の作付面積は多かったのでしょう。十勝地方でこの黒千石が奨励されたのもうなずけますし、それ以外の地域でも農耕馬や農耕牛を飼っていた当時の道内農家の多くは、黒千石を緑肥用ないし青刈り用として作付けていたのではないでしょうか。

私がばあちゃんの手伝いで黒千石をひき臼で挽いて、きな粉にした頃、実家には水田が6ヘクタール、畑が4ヘクタールありました。農耕馬も2頭いて、その他乳牛28頭に豚15頭、鶏１００羽を飼っていました。まさに馬はトラクター代わりでした。

ばあちゃんが、きな粉にしていた黒千石は、きっと我が家でも家畜のエサとして栽培していたのでしょう。馬のエサとしてはえん麦も栽培していましたが、ヨモギの葉やクマザサの実なども与えていました。

戦後になると、北海道農業も近代化が進み、田畑の農作業も農耕馬からトラクターへと主役が代わり、農耕馬がいなくなると馬の飼料としての青刈り大豆も不要となっていきました。さらに機械化が進み大規模な単一作物の作付けが主流となると、麦やトウモロコシ、ジャガイモなどの主力作物の間に緑肥として黒千石を作付ける間作は、収穫などの作業効率の妨げとなりました。泥炭地などの酸性土壌地での緑肥の役割も、土地改良が進んでいったことで需要がなくなっていきました。

そのため北海道農業が近代化、機械化すると黒千石大豆の役割はなくなり、次第にその姿を消し、１９５９年（昭和34年）には優良品種からも外されたのです。そして黒千石をつくる農家は姿を消していき、１９７０年代以降には栽培する農家はほとんどいなくなってしまったのです。

昭和40年代の大型農業機械による刈り取り風景

昭和30年前後の田植え風景（北竜町）

村井じいちゃんの けんこうてんでこ

その1

「自分の命は自分で守れ」
他人まかせの健康管理では
立ち行かぬご時世。

「てんでんこ」は、「各自」を意味する名詞「てんでん」に、東北方言などの縮小辞「こ」が付いた言葉。東北に古くから伝わる「津波てんでんこ」。言葉の意味は「津波が来たら取る物も取らず肉親にも構わずに、てんでんばらばらに自力で安全な場所に逃げろ」つまり「自分の命は自分で守れ」ということ。「せめて身内の中の誰かひとりでも確実に生きのこってほしい」という切なる願いでもあった。厳しいようだが、災害というのは甘いものではない。

私はその「てんでこ」の原則に感動した。生きることの根源である「食の安全」や「社会の安全」がみだれてしまった今の世の中、平時であっても注意していなければ幸せに長生きすることは難しい。世界規模で広がるよこしまな富の独占と食文化の破壊、そして異常気象に戦争不安……慢性的な災害に包まれたような時代である。心身ともに健康で丈夫であることこそが今を生きのびる切り札。だれかに頼らねば生きてゆけないようなケガや病気をせぬように、日頃から自己責任でしっかりと注意して生きることを私は「健康てんでこ」と呼び、そ

のような生き方を提唱し広めると共に率先して行動する。目指すは自分の健康と明るい未来。ぴんぴんコロリ、それが私の願い。

体調不良や病気の元、事故やケガの元にもなる不注意や散漫も、結局は食とストレス、そして睡眠管理がカギとなる。だれもが抱える病気の元に負けぬように、私が健康で楽しく生きるために自分に言い聞かせている日頃の心がけをいくつか紹介させてもらおう。

村井じいちゃんの好きな言葉

○小肉多菜　肉は少なめ、野菜たっぷり、肥満防止。
○少塩多酢　塩分を摂りすぎず、酢(醸造酢)を多めに、高血圧予防。
○少糖多果　甘いものは砂糖の多い菓子より、果物でまかなう。
○小食多噛　食事はよく噛んで、腹八分目で健康維持。
○小衣多浴　薄着で風呂好き、鍛えた体。
○小言多行　言葉を慎んで、体を動かせ。
○小欲多施　何事も欲張らず、他人のために尽くせ。
○小憂多眠　くよくよするより、よく眠ってストレス解消。
○少車多歩　車に頼らず歩け。歩けば全身運動。
○小憤多笑　腹は立てずに、笑う門に福来たる。

第2章

復活！黒千石にかけた私のものがたり

「黒千石」復活への道のり

北海道の小さな黒大豆、黒千石を探せ！

尋常小学校3年生の時に、ばあちゃんの手伝いで小さな黒大豆を石臼できな粉に挽き、家族みんなで大みそかに餅にまぶして食べた話はしましたが、その後は黒千石の存在は私の脳裏からすっかりとなくなっていました。

尋常高等小学校卒業後は実家に就農し、持ち前のバイタリティーで地域での青年活動をはじめ、農民運動にものめり込んでいきました。そのあたりは後ほどまた述べますが、地域に貢献する活動が周囲の目に留まったのか、私は町議会議員と道議会議員を合わせて24年務めました。道議会議員だった2003年（平成15年）、道環境生活部に納豆メーカーの国内最大手「あづま食品」（栃木県）の社員3人が、「北海道の小さな黒大豆の『黒千石』で納豆をつくりたいが、その豆を探してほしい」と相談に来たのです。

道職員は黒千石なんて在来種の豆は知らず、どうしたらよいか困り果てて農家出身で農政にも精通している私のところに駆け込んできたのです。私は「小さな黒大豆」と聞いてピンと来たのです。「小学校3年生の時にばあちゃんの手伝いをしてきな粉にしたあの黒大豆

だ。なんとかして探し出して黒千石と再会したい、再びあのおいしいきな粉を食べたい」という思いが、お腹の底から込み上げてきたのです。

それからいろいろと黒千石に関する情報収集に奔走しました。道農産振興課を訪ね、その特性や所在を調べるうちに、岩手県の試験場が黒千石大豆の特産品化に力を注ぎ栽培面積の拡大に努めていることを突き止めたのです。なぜ岩手県が北海道の在来種に取り組んでいたのか、とても不思議に思ったのですが、そのルーツを探ると次のような経緯があったのです。

農業研究家、田中さんとの出会い

話はさかのぼりますが、２００１年（平成13年）、森町の農業研究家だった故・田中淳さんが収集していた豆の中からこの極小粒大豆「黒千石」を発見し、手元にあった原種50粒を厳選して播種したところ、そのうちの28粒の発芽に成功したというのです。黒千石は普通の大豆と比べると日照時間が長く必要だったために、田中さんは北海道よりも気候が温かく、日照時間も長く、黒千石の栽培がしやすい最南端の適地として岩手県に着目したというのです。

後日、何度も田中さんの家に通うようになった私は、田中さんからその話を直接うかがうことができました。「北海道で黒千石を栽培できるのは立証済みだが、黒千石の作付け限界地を調べるために岩手に種を持って行った」と話していたのを記憶しています。

田中さんが種を岩手県に持ち込み、県や地元農協が特産品化を進めていることを知った私は、いてもたってもいられずすぐに岩手に向かったのです。２００４年（平成16年）、道議会議員でもあった私は、「黒千石は北海道生まれの北海道育ちの生粋の道産子です。

堀達也知事と道議時代の議員仲間たちと
（前列左から２人目が私）

里帰りをさせて、故郷の北海道で育てるのが一番です」と県の担当者に必死に気持ちを訴えました。

岩手県でも水田の転作作物として着目したように、私も休耕田が増えていくばかりの北竜町の農村地帯を黒千石で何とか元気にさせたいと思っていました。黒千石は品種改良されていない在来種です。北海道の素晴らしい原種です。かつて北海道で作られていた黒千石のきな粉を復活させて、北海道農業の発展に少しでも役立てれば――そんな思いが私を突き動かしたのです。

岩手県では北上市にある農協が黒千石の商品化に着手していたので、実際に畑の視察もしました。農協職員は北海道から視察に来たということで「種をもらいに来たのか」と疑うように聞いたので、「いやいや」とお茶を濁してあいまいな返答をしたのです。「種を分けてくれ」と言っても特産化を進めている農協が分けてくれるとは思えませんでした。ライバルが増えるだけですから、それは当然でしょう。

このままでは種を譲ってもらえそうにないと思った私は一計を案じたのです。道議会議員をしていたので、すぐに道庁に行き、「大事な北海道原産の黒千石の種をなんとか取り戻せないものか」と掛け合ったのです。行政レベルで事を進めた方が、個人で動くよりはよいと考えたからです。

そして道庁と県庁の担当者が話し合った結果、岩手から北海道に種が戻ってくることが決まったのです。岩手県の担当者が北上市の農協を説得してくれたのでしょう。農協から１２００キロもの種が届いた時は飛び上がらんばかりに喜びました。

まずは北竜町で栽培を成功させよ！

当時は北竜町でも黒千石を栽培する農家は一軒もなかったので、まったく新しい作物の導入ということになります。ただ闇雲に種をまいてもだめなのは分かっていました。ですから優良品種となった米、麦、大豆の種子を保管している中央農業試験場の遺伝資源部に出向いて、黒千石の種子情報も文書で取り寄せました。

その文書に書かれていたルーツや特徴を丹念に調べ、積算温度が普通の大豆より必要な理由なども知り、生産者に作付けを促す上で特段の気遣いが要ると分かりました。栽培に失敗したら農家にも迷惑がかかるので、事前に研究に研究を積み重ねた結果、播種から収穫まで、一般大豆の積算温度が２４００度に対して黒千石は２７００度必要だと突き止めたのです。

作付け予定地区の平常積算温度を調査し、黒千石が持つ特性を生かした肥培管理、栽植密度、播種量などを過去の記録などを通じて学んでいきました。また、つくば市にある独立行政法人「農業・生

昭和４０年頃の共同作業風景

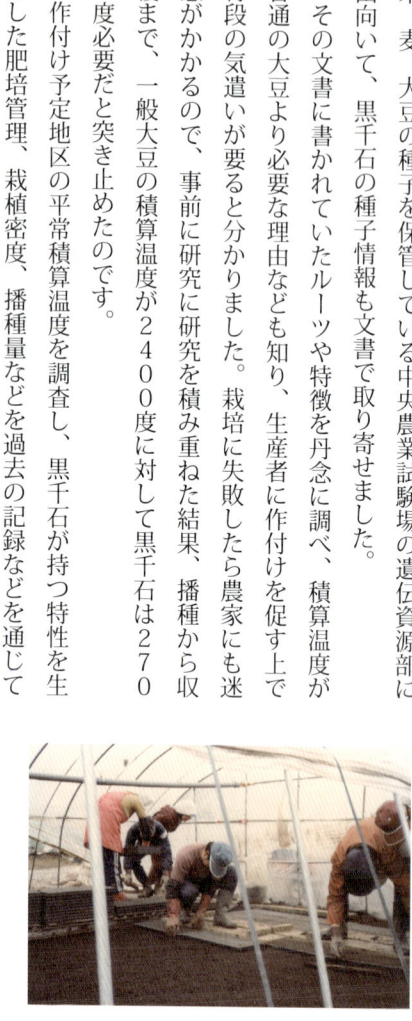

物系特定産業技術研究機構」の大豆３００Ａ研究センターでリーダーをされていた、大豆研究の第一人者・有原丈二さんの指導も受けながら、商業生産が可能な量まで種を増やしていったのです。

　そして休耕地が広がる地元・北竜町の農家にも黒千石を作付けてもらうよう働きかけていきました。収穫期が遅くなると雪が降ってしまうので、前倒しで播種をしようと考えました。一般にはカッコウが鳴き始める６月に入ってから種まきをするのですが、１日の平均気温を15度としたら３００度増やすには20日は多く必要となるので、５月の連休明けには播種することにしたのです。最初に声をかけた14～15戸の農家は大豆栽培の経験があったので、その技量で挑戦してもらうことになりました。でも初めて作付ける品種だったので、どの農家も20～30アールの作付けにとどまったのです。

　第５章でも触れていますが、ちょうどその頃、道南の乙部町でも黒千石の栽培に取り組み始めていました。寺島光一郎町長は北海道大学から農林省に入り、その後乙部町に出向し、39歳の若さで町長になりました。北海道町村会会長を長らく務めた優秀な人物で、町の「農業再生プラン」に黒千石の栽培を取り入れたのです。

　岩手から種が届いた翌年の２００５年（平成17年）、北竜、乙部両町の26戸、42ヘクタールで、いよいよ黒千石の栽培がスタートしたのです。田中淳さんを講師に招いて滝川市で講演会を開くなど、

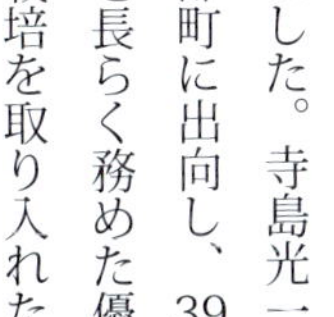

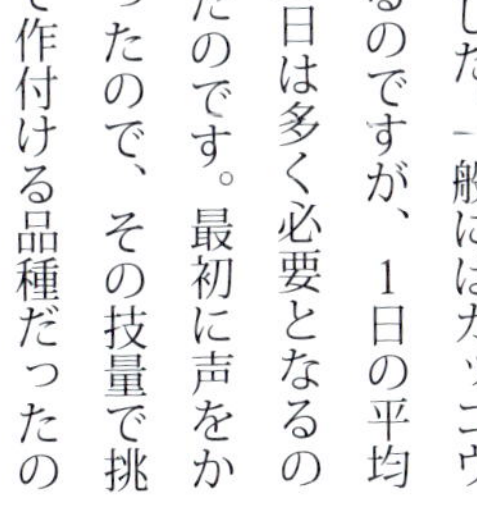

その年は田中さんの指導を仰ぎながらの農作業が続きました。播種をし、芽が出て葉が出てくると「ようやくここまでたどり着いたな」という感慨深い思いが湧いてきました。しかし夏になって他の大豆が花を付ける頃になると、すこし不安になってきたのです。黒千石がなかなか花を付けないのです。花がやっと咲き始めたのはお盆を過ぎたころ。こんなに遅く開花する大豆は初めてだったので、生産者も戸惑うばかりでした。

近くにある一般大豆の畑では数ある葉っぱが落ちて収穫を待つばかりという中でも、黒千石の葉は依然として青いままでした。初雪の声が聞こえる季節を迎えた11月も押し迫った頃にやっと葉が落ち、収穫を迎えたのです。実がなるか心配しましたが、「花が咲いた」「鞘がなった」「実がぶらさがった」となれば、農家ももう大丈夫と胸をなで下ろしたものです。ある年配の農家は黒千石を「こんなのろまな大豆は見たことがない」と言います。さっさと実を入れることもせず、ぐずぐずしているからなのですが、時間をかけて育てないと実が入らないのがこの黒豆なのです。

初収穫は42ヘクタールで43トンありました。新しい作物を植えた畑は珍しがって収穫がよくなると言うように、初めての作付けにしてはまずまずの収穫だったと思います。というのも大豆だけでなく麦でもバレイショでもトウモロコシでも連作障害が問題なのです。

国内の先進地視察（右が私）

連作をすると土壌のバクテリアがなくなってしまうので、マメ科でない作物を4年サイクルで植え替えないといけない。ずっと休んでいた畑は連作障害はありませんから、品質も思った以上によかったのです。43トンをまずはなんとか刈り取ることができた喜びを味わえました。

黒千石の安定生産に向けて仲間づくりと需要開拓を！

ほっとしたのもつかの間、来年の生産に向けて異物除去をする分別機械の購入に奔走したのです。２００６年（平成18年）は転作奨励金もあり、生産者は１４１人、栽培面積は２２６ヘクタール、収穫量も４２２トンと増えました。２００７年（平成19年）には黒千石事業協同組合を設立し、私が会長に就任し生産者自らが販売までも担う独自の体制を築き上げていきました。

このころに道庁の赤れんが庁舎前で開かれる「北のめぐみ愛食フェア」にも出店し、私をはじめ生産者自らが黒千石を消費者に売り込みました。このフェアへの参加は反響が大きく、そこで出会ったお母さん方から「黒千石は美味しくて素晴らしい」との評価を得ることができ、大きな自信につながりました。道の農業改良普及員だった片山寿美子さんに出会えたのはこのフェアのおかげです。

片山さんは普及員として女性農業者の六次産業化を積極的に進め

ており、黒千石を使った料理のレシピをいくつも考案してくれました。片山さんはそういった女性たちの活動の場として北海道女性農業者倶楽部「マンマのネットワーク」事務局もしており、その幅広い人脈を使って黒千石の良さを大勢の人たちに紹介してくれました。この本の中のレシピも片山さんが考えたものですので、ぜひ皆さんで試してみてください。

　ところで黒千石で納豆づくりをしたいと申し出た大手納豆メーカー「あづま食品」ですが、北海道で黒千石が収穫されると岩手県産黒千石でつくった納豆との試食品評会を同社で開いたのです。私たちもその場にいたのですが、北海道産の納豆が優れているとの判定が下り、それ以来同社では私たちの黒千石を原料として使っていただいております。

　また「黒千石復活」の朗報は、「あづま食品」だけでなく国内の食品産業にも知れ渡り、黒千石を使った商品がいくつも開発されました。昔ながらのきな粉をはじめ、豆ごはんの素やお茶、納豆など私たちの食卓にも取り入れやすい製品が次々と登場しています。札幌の菓子メーカー「きのとや」も黒千石を使ったスイーツを独自に開発し、女性からも高い評価を得ています。

食糧難時代に牛1頭を買った親父の先見

振り返れば、私が黒千石と出会った昭和初期の食糧不足は、深刻なものでした。ばあちゃんが石臼で黒千石をきな粉にしていたのもそんな時期でした。家族は常に10〜11人で、私を含めて育ち盛りの兄弟姉妹6人は食べても食べてもなお、食べたがる。いくら百姓であっても腹いっぱいに満たされることはなかったのです。

おいしく食べた思い出がある黒千石のきな粉でしたが、当時の我が家でもたぶん農耕馬のエサにしていた黒千石を家族で分け合って食べていたのでしょう。戦地への食糧供給と食糧の配給制度で生産者は米や雑穀の農産物をすべて強制的に供出させられました。繰り返し農家の納屋の検査を受け、決められた数量以外のものは没収されたものでした。今にしては信じられないことでしたが、当時の「強権発動」的な行為のために、私たちは食べ物地獄そのものを味わったのです。

畑仕事は親父と母親の仕事なので、食事の準備をするばあちゃんは朝から晩まで、あらゆる食材を駆使して大勢の家族の食事の支度に終始していました。小さいながらもその姿をよく覚えています。食卓に並んだのは雑炊、カボチャ、ジャガイモのでんぷん団子、トウキビのおかゆ、イモ・豆の混ぜご飯などで、白いご飯は正月とお盆だけです。当時の白米の味は、今でも忘れられません。ですから

家畜のエサにする黒千石も貴重な私たちのタンパク源になっていたのは間違いありません。

こんな食生活の中では栄養不足で体調を崩す家族が出てくるのは当たり前です。吹き出物や目腐り（栄養不足による肝臓の不調で目の縁がただれる）が家族の間で広がってきたある日、親父は牛を1頭買ってきました。馬小屋につないで「乳を搾ってみんなで飲もう」と言ったのです。これが親父の家族に対する健康管理の始まりでした。それ以来、家族のみんなは牛乳のお陰で生き返ったように元気になっていきました。隣近所も村井家の住人が元気になっていくのを認め、余った牛乳は全部買ってくれたのです。それからというもの村井家は地域の牛乳屋さんとなり、乳牛も8頭ほどに増えました。

私が86歳になっても元気で健康でいられるのは、食糧不足だった育ち盛りの時に牛乳を腹いっぱい飲めたからだと思っていますし、親父が一念発起して家族に牛を買ってきたことは、百姓村井家の中でも大きな歴史でもあったのです。そういう意味で言えば、私が黒千石の復活にまい進できたのも、親父の家族に対する健康への思いと、黒千石で地域をなんとか元気にしたいとの思いが重なったからなのかもしれません。

就農間もない頃

共進会で優勝したホルスタインと私

昭和40年頃の私の家族

５人の孫たちに囲まれて

農協の青年部活動に身を投じた20代

家族の話が出たので、ついでに少しだけ私の話もさせてください。私は１９４６年（昭和21年）３月、尋常高等小学校を卒業と同時に実家に就農しました。15の春です。普通は長男が実家の農家を継ぐのですが、私は二男でした。一つ違いの兄は頭が良くて小学校の先生が深川市にある中学に進学するよう親を説得したため、私が村井家の跡取りになったのです。戦後間もない農村地域では農業青年たちの地域活動が、悲惨な戦後の復興に欠くことのできない存在でした。

私はすぐに農業改良普及協会が指導する青少年クラブ、今の４Ｈクラブに加入しました。地域の中では戦前から歴史のある青年団組織の活動が盛んでしたが、戦後の食糧増産の中で生産活動を中心とする４Ｈクラブへの加入者が次第に増えていき、青年団活動は停滞するようになり、地域全体の課題として衣替えをして活動を展開していったのです。

20代も半ばになると地元農協の青年部活動に身を投じるようになりました。昔からやり出すと止まらない性格なものですから、寝食を惜しんで青年部活動を続けていると、地元農協の青年部長となり、次には空知管内全体の部長を務めました。30代になると農民運動の組合でも中心的に活動するようになり、めぐり合わせなのか委員長も務めることになったのです。しかし青年部の活動はほとんどが支

4Hクラブの仲間たちと（前列右端が私）

給はゼロで、もちろん日当も出ないのです。そんな中で空知管内はもとより札幌をはじめ全道での出張会議がありました。費用の負担は全部実家からの支援で、持ち出しでした。ある日母はあまりの支出の多さに「宣夫や、青年部活動もいいが家計がもたんぞ」と言って、帳簿の金額を見せてくれたのです。私自身もびっくり仰天、その時の価格で耕運機が買えるほどの膨大なものだったのです。

米価闘争で演説をする

農民運動に明け暮れた日々

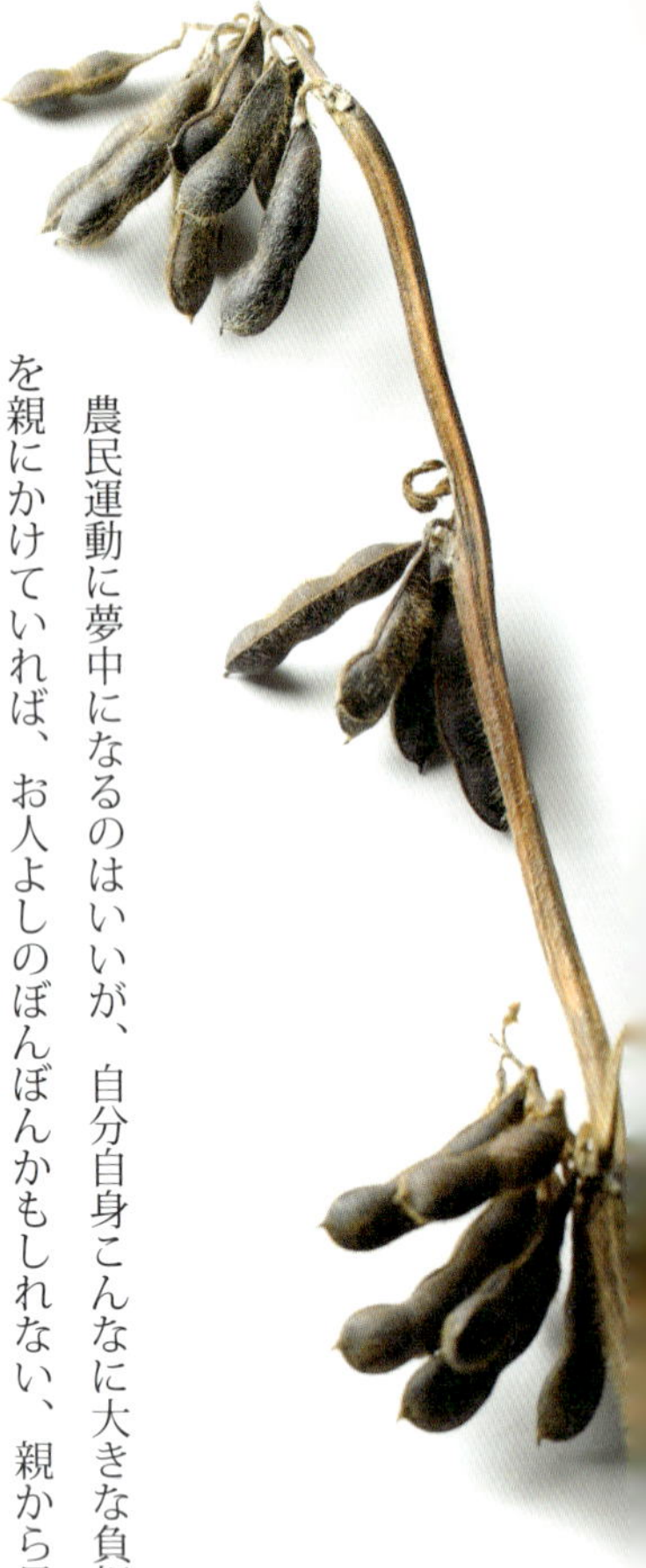

農民運動に夢中になるのはいいが、自分自身こんなに大きな負担を親にかけていれば、お人よしのぼんぼんかもしれない、親から見ればこれまさに息子の道楽としか映らないのかも知れない――そうも思いましたが、それでも同じ農業を営む仲間のため、また地域のためにはなんとしても力になりたいとの気持ちが強かったのです。

健康が生活の最優先課題だ！

当時の農家は田畑と家畜の複合経営、しかもほとんどが畜力、人力による厳しい作業でした。「猫の手も借りたい」ほどの労働力が必要な時の息子の道楽に両親はよくぞ、送り出してくれたものだと思うのです。その後、私は町議16年、そして道議8年を務めて、地域の活性化、地域の振興に尽力することになったのですが、それは親父と母親の恩に報いるためでもありました。

長年北竜町の町議を務めた親父は厳しい人でした。私のコラム「けんこうてんでこ」でも触れていますが、けがをした時に親父が放った言葉は「宣夫、けがと病気は自分で治せ」の一言でした。親父が言いたかったのは、けがと病気はどちらも自分の不注意で起きるものだから、けがや病気をするのは自分の努力不足が原因。病気にならないための努力を怠らないように日ごろから精進することを親父は教えたかったのです。この「てんでこ」の意義は限りなく深く、生き抜くための哲学だと確信しています。健康は自己管理なくしてあり得ず、その理念しかあり得ません。

　医者が健康をもたらしてくれるのかと言うと、そうではありません。自らが日々の暮らしの中で作り上げていくしかないのです。ですから自己管理がとても大切になってくるのです。自己管理から生まれる健康は人々の生活の最優先課題であり、家族の健康が心の健康へとつながり、幸せの原点となるのです。健康だからこそ、前向きな仕事や労働に結び付くのです。不健康は消極的な精神を生み、生活が乱れ事故やけがを招き寄せます。

　自己管理による健康維持に欠かせない要素の中で、最も大切なことはそれぞれが免疫力をできるだけ高めることでしょう。それを高めるには規則正しい生活と食べ物の管理をすることであり、自己管理以外の何物でもありません。外から体内に侵入する病原菌やウイルスによって生命が危険にさらされることもあります。免疫力の落ちた高齢者が風邪などから肺炎を発症し、死に至るという話はよく耳にします。

中国の四字熟語に「四里四方」があります。これは生まれた地域の16キロ四方で採れたものを食べていれば、病気にならないという教えです。逆に言えば遠くからわざわざ運んできた食べ物は体に合わないということです。食料自給率が40％を切っている私たち日本人の食卓は、体によいものが少ないということになります。国内産でも遠くから運んでくる食べ物は、日持ちをさせるために保存料や添加物などをどうしても使わないとなりません。海外から輸入するとなると燻蒸するための農薬散布もあります。輸入大豆は遺伝子組み換え技術を使って栽培したものがほとんどです。

その昔、農民運動にのめり込んでいた私が東京出張に行く際、ばあちゃんが必ず言った言葉が「宣夫、朝食べる時間がなければ食べなくてもいいが、味噌汁だけは飲んでいけ」です。味噌汁は水あたりしない立派なお薬なのです。昔の人は自らの経験から、家族の健康を守ってきたのです。

食べ支え、作り支える関係づくりを！

国家予算が１００兆円、医療費は40兆円を超える日本はこれからどうなるのか。地方財政が窮屈になっている要因は、年々増え続ける医療費負担なのは明らかです。地域で採れる体によい食べ物を摂取することと、医療の充実はこれからの地方行政の大きな課題ととらえ、その地域に住む住民がいかに健康で長生きできるようにするのか。このテーマを国の地方創生の柱にすべきと考えるのですが、間違っているでしょうか。

北竜町は人口が２０００人足らずの小さな町ですが、そんな町から黒千石を復活させることができ、多くの方々の力を借りながらここまで育てられたのは望外の喜びです。でも黒千石を食べるだけでは健康を維持することはできませんし、それは不可能です。安全で安心できる食べ物が身近にある環境を一人一人がつくっていくこと。それは農家が消費者の食卓を支え、消費者が農家の畑を支えることにつながります。黒千石を通じて、この食べ支え、作り支えの関係を大事にすることを私は学びました。これからも農家を営んできた経験、町議や道議として地域のために尽力した経験、そして我が子のような愛おしい黒千石を復活させた経験を生かして、北海道の皆さんに役立てる仕事を続けていきたいと思っています。

「黒千石を通じて、まだまだ北海道のために貢献したいと思っています」

村井じいちゃんの
けんこうてんでこ
その2

「ケガと病気は自分の不注意。自分で治せ」とは、厳しかった親父の教訓。
うむ

「健康てんでこ」を提唱する私の根底にあるのは、厳しかった親父の教え。子ども時代、長患いを抱えて長期治療を受けていた私に、「病気は自分の不注意、自分で治せ」と、なんとも厳しい言葉でたしなめられたことがある。今ではその教えに感謝している。自分の力で真摯に病気の原因を探り、病気や怪我をせぬために日頃から注意をはらうようになり、この80代半ばの今でも健康な自分がいるからだ。

昨今巷では病気になれば薬、予防にサプリメント、訳もわからず謳い文句に流されて服用するだけだ。病気が治る魔法などないのに。頭痛を例にとっても薬は痛みを訴えている神経を遮断するだけで、今ある頭痛も頭痛の原因も放置である。加齢とともに深刻になる膝の痛みにも困りものだが、サプリメントなどに心酔する人もいる。多少の血行のよさが現れたり冷えが軽減されるような自覚が出るのかも知れないが、それも結局は一時のもの。「骨の摩耗、スジや神経繊維とズレた骨の摩擦、もしくは筋肉が固くなっているのか

じぶんで！

炎症をおこしているのか」どんな原因にせよ、それらの原因を取り除くものではない。しっかり検査し、医者に通って、水抜きをしてもリハビリをしても、時間がたてばまた痛み出す……その苦しみは理解できるが、「何かに頼るだけ」の考え方では完治に至るにはほど遠い。体の不具合の多くは、生活習慣に原因があったりするのだ。

・長年座りっぱなしの仕事だった・座る時にいつも足を組んでいた・悪い姿勢で歩いていた・運動不足で固まった筋肉をほぐさずに無理な負荷をかけた・冷房で冷やしすぎていた・偏食により必要な栄養が不足しがちの期間が長かった……などなど、ふだんの生活の悪いクセが重なって体調不良〜故障を招く場合が多いのだ。それこそ「悪い生活習慣を直さないのは自分の責任」である。これがまこと労働災害であるならば、その根拠をしっかり提示できるほど「自分の体のこと」について日頃から興味をもち、しっかりその変化を説明し、因果関係をはっきりさせることができなければいけないだろう。

若いうちから「健康てんでこ」精神で、「自分の健康状態を把握」し、必要な「食事（栄養）、運動、睡眠、体温などの管理」などに気をくばった生活をすることが後の病気や故障を防ぐ基本にして最良の手段。年をとってから「健康てんでこ」を始めたとしても、生活習慣を変えない人に比べれば、あきらかにそれなりにはイキイキと楽しい老後人生になると思われる。

第3章

黒千石の持つパワーを科学的に見てみると

文責／黒千石制作委員会

黒千石の免疫強化能力の秘密

＊インターフェロン―ガンマってなに？
インターフェロン―ガンマ
免疫細胞
NK
インターフェロン―ガンマ
(IFN-γ)は免疫細胞(NK細胞)
を活性化させます。
黒千石にはこの作用を誘導する
成分が含まれていることが
発見されています。
パワーアップ
したよ!!
免疫細胞
NK
こいつはやばい
癌細胞などを
押さえつけるよ！
あいたたた
ガン細胞
ガン細胞
ガン細胞
逃げろー

研究者によって証明された黒千石の機能性

北海道大学遺伝子病制御研究所の教授だった西村孝司先生は２０１１年（平成23年）、道産黒千石が感染抵抗力を高めてアレルギーを減少させるインターフェロン―ガンマ（ＩＦＮ―γ）を誘導させる成分を含んでいることを明らかにしました。また抗酸化力を有するポリフェノールやアントシアニンも豊富に含んでいることを改めて確認したのです。

この時の西村先生の研究テーマは「免疫バランス制御評価による機能性素材の開発」でした。研究は文部科学省地域イノベーション戦略支援プログラムの「さっぽろバイオクラスター構想『Ｂｉｏ―Ｓ』」の中で行った実証実験での成果です。

＊血管内でのアディポネクチンのお仕事

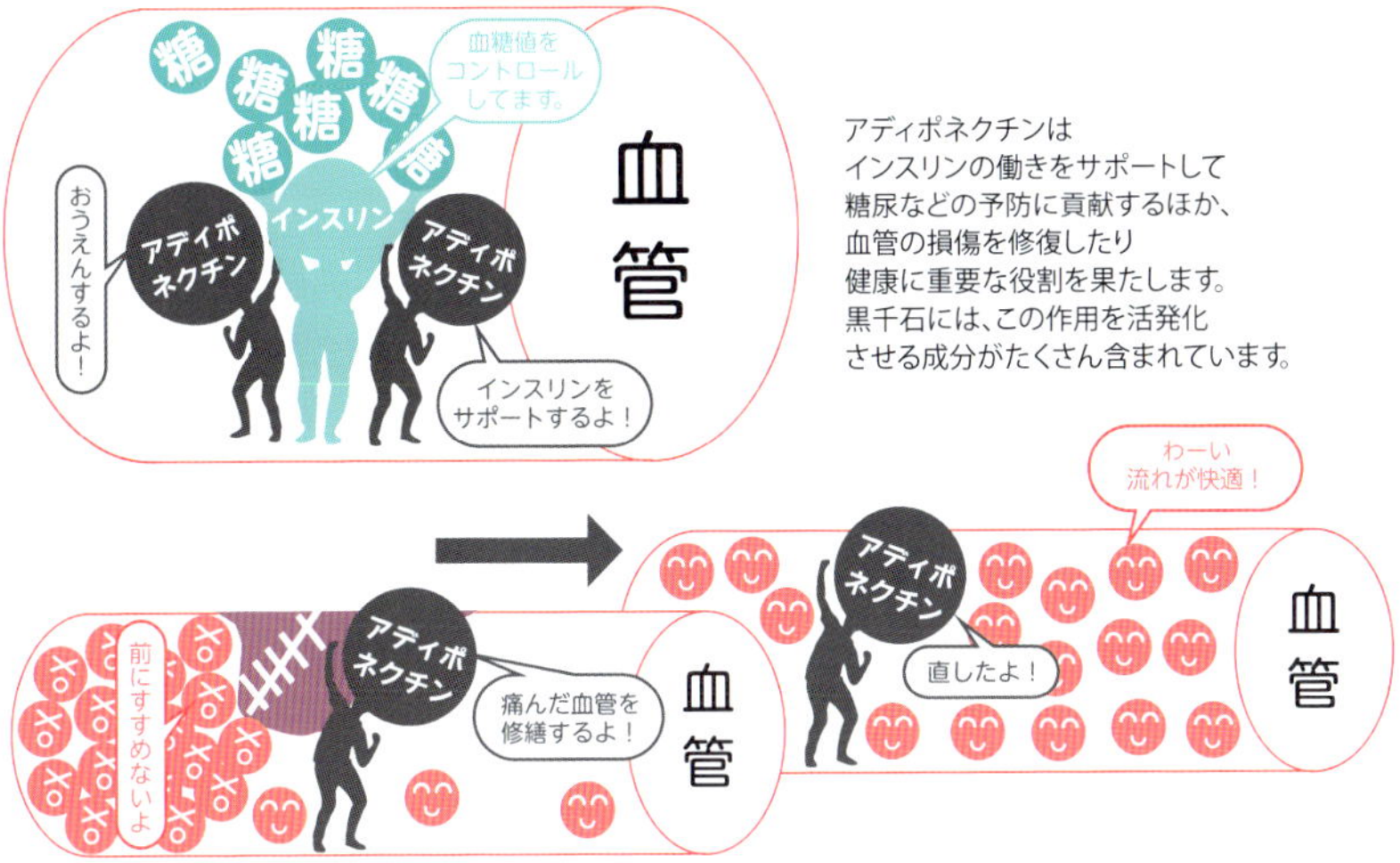

アディポネクチンは
インスリンの働きをサポートして
糖尿などの予防に貢献するほか、
血管の損傷を修復したり
健康に重要な役割を果たします。
黒千石には、この作用を活発化
させる成分がたくさん含まれています。

ポリフェノールは他の黒豆と比べて約2倍も含まれているといいます。またアントシアニンは脂肪の代謝を促す作用があり、血管にたまると高血圧の原因ともなるコレステロールを下げる働きがあります。黒千石に含まれるアントシアニンはシアニジン―3―グルコシド（C3G）という種類で、脂肪を燃やして内臓脂肪を減らす効果があります。

内臓脂肪が減ることで長寿ホルモンと呼ばれているアディポネクチンという物質が活性化して増えるそうで、このアディポネクチンは血管の老化を防止する働きがあるのです。

インターフェロンというと、C型肝炎の治療に用いられているのはよく知られていますが、それはウイルス感染を阻止する作用を持つタンパク質だからなのです。また40年ほど前から抗がん作用があることも研究で分かってきた物質です。

そのインターフェロンの中でも黒千石は免疫機能を向上させる「インターフェロン―ガンマ」

細菌やウイルスの
撃退チームの
ボスはわたし!
ダニ、カビ、
花粉退治の抗体
設計はおまかせ!
免疫司令塔タッグ

双方バランスよければ、免疫システムがばっちり機能

ヘルパーＴ細胞は場合によりTh1細胞にもTh2細胞にも変身しますが、まちがった食生活や生活習慣により、偏った判断をしてしまうこともあると言われています。

＊免疫バランス崩壊の原因
※たいした
害のない
ものに
過剰反応
(免疫異常)
敵だ!
やっつけに
行かねば
出動!

ときどき
おっちょこちょい

というタンパク質を作り出し、それによってがん細胞や感染細胞を攻撃する「Ｔｈ１」と呼ばれる細胞を活性化させるのです。

体内の免疫バランスが乱れると、がんや免疫性疾患を引き起こすと考えられていますが、西村先生が確認した黒千石が持つがん細胞の抑制機能によって、体内の抗酸化作用を高め、免疫バランスを正常に保つことができるというのです。西村先生は「免疫活性については、他の豆に比べて比較にならないほど優れています」と言います。

免疫バランスが崩れる要因として、西村先生は真っ先に食生活の乱れを指摘しています。親の食の乱れが子どもたちの食の乱れにつながると考える西村先生は、「食育」活動にも力を注いでいます。免疫を活性化させる機能性に富んだ黒千石を多くの道民に知ってほしい、また食べてほしい。黒千石のような道内にある素晴らしい食材を使った製品が子どもたちの身近にあれば、「食育」活動にもつながると

えっ?

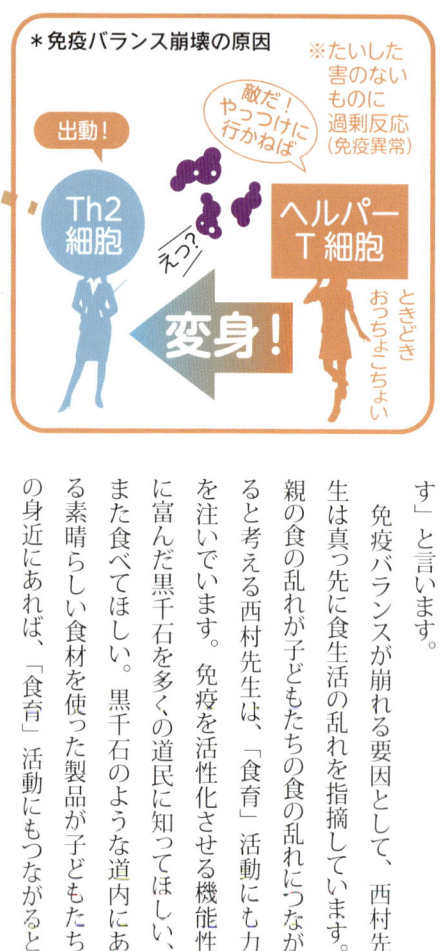

黒千石は免疫機能を向上させる「インターフェロン―ガンマ」というタンパク質を作り出しそれによってがん細胞や感染細胞を攻撃する「Th1」細胞を活性化させるのです！

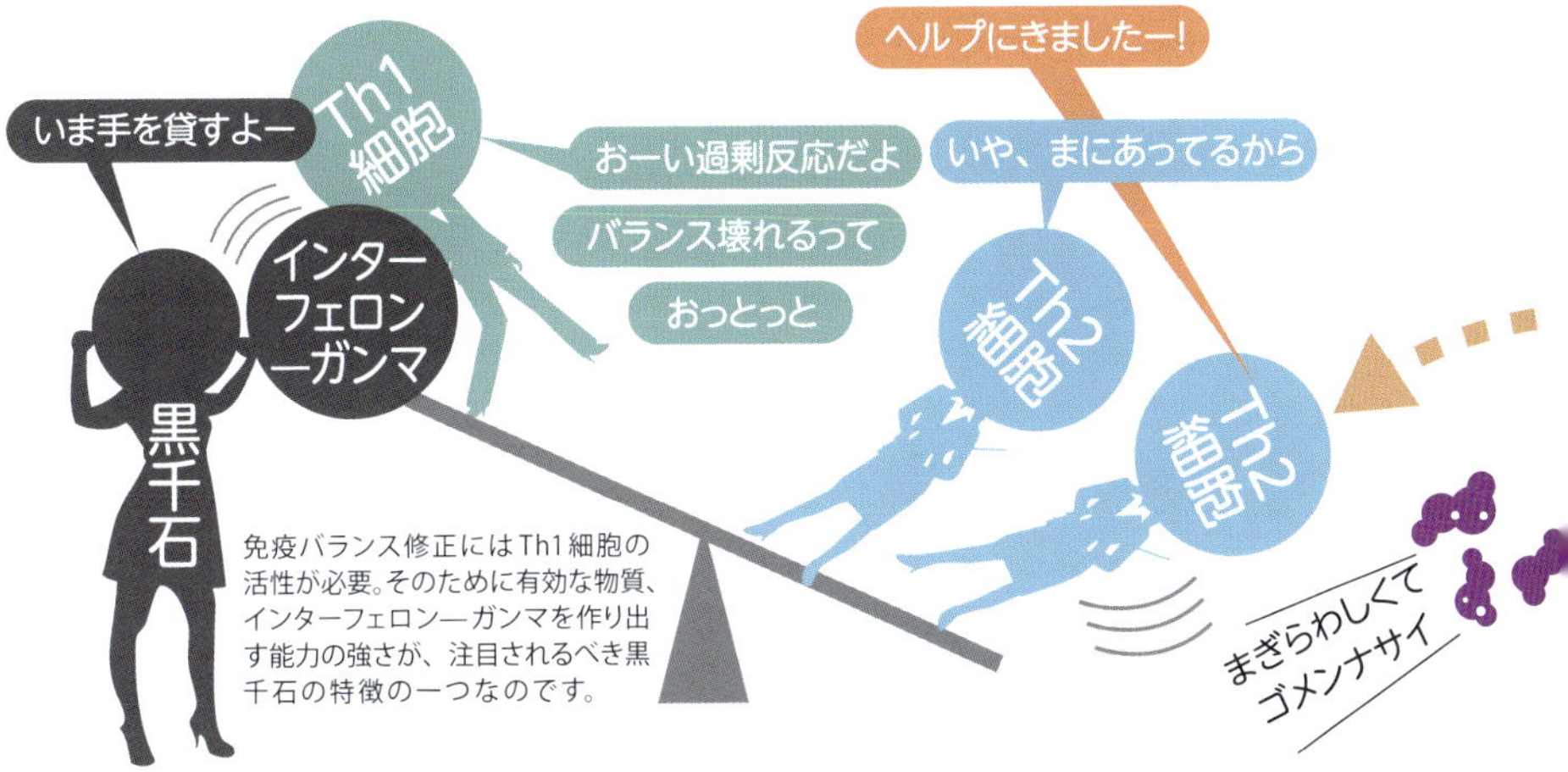

免疫バランス修正にはTh1細胞の活性が必要。そのために有効な物質、インターフェロン―ガンマを作り出す能力の強さが、注目されるべき黒千石の特徴の一つなのです。

考えたのです。

そして「食育」の観点からこの研究の後に生まれたのが、札幌の菓子メーカー「きのとや」が発売した黒千石を使った洋菓子「まぼろしの黒千石」です。また札幌の中村食品産業は黒千石のあんパンやマフィン、ラスクなどを製造・販売し、駅弁でも黒千石を使った「北海道健康バランス弁当」も作られるようになりました。次々と黒千石を使った商品が出回り、西村先生は「希少な黒千石が持つ優れた免疫活性の発見で、新たに道産の食資源の可能性が広がった」と話しています。

黒千石に関する大学などの研究は北海道大学だけではなく、複数の大学で行われています。岩手県立大学盛岡短期大学部では２０１２年（平成24年）、「北上産黒大豆『黒千石』の栄養機能性と加工食品への応用に関する研究」と題して行っています。

村井さんも述べているように、北海道原産の黒千石は故・田中さんの手によって岩手県で

ポリフェノールとは？

健康の強い味方、ポリフェノール。「芳香族置換基上にヒドロキシ基を持つ有機物質をフェノール類、多数のヒドロキシ基を持つ場合は、ポリフェノールと呼ぶ」といった難解な解説は省いて、「フェノール君」と、たくさんの「ヒドロキシ基君たち」のチームを「ポリフェノール」としてみましょう。

黒千石のポリフェノール「アントシアニン」

ポリフェノールには黒千石の「アントシアニン」の他、緑茶などの「カテキン」や、ワインなどの「タンニン」など多種ありますが、カフェインやアルコール分などを気にせずに毎日のお茶や食事、そしておやつにと、手軽に摂取できる黒千石はまさに毎日の健康の用心棒です。

※イラストは実際の化学式等との関係はありません。

もつくられるようになりました。研究の中でも「原産地の北海道で栽培が復活し、気候の似た北上地区にも一部が譲渡され、栽培されている」と記されています。

この研究では北上産と北海道産を比較した上で「黒千石は黒平豆に比較してポリフェノール含有量が多く、さらに北上産は北海道産の黒千石よりもポリフェノール含有量が多いことが明らかになった」と研究の成果を報告しています。ここでも一般の黒豆に比べて黒千石のポリフェノール量の多さを証明しています。

一方、酪農学園大学では２０１６年（平成28年）、「黒千石大豆入りおにぎりの食後血糖値上昇抑制効果と官能特性」をテーマに研究をしています。ここでの実験方法は胆振管内洞爺湖町産の黒千石を使用、それを煮豆にしておにぎりに含まれる煮豆の重量が20%になるように白米に混ぜて炊飯しました。

学生10人が試食した結果、黒千石を混ぜたおにぎりが他と比べて「タンパク質や脂質の量

ポリフェノールの種類は5000種以上！
黒豆のポリフェノールの種類は「アントシアニン」。
「黒千石のアントシアニン」は、黒豆のさらに2倍+未知のパワー!!

毒性の強い活性酸素を除去するためには、抗酸化作用を持つ栄養素が必要です。ポリフェノールの場合は、この「ヒドロキシ基」が「活性酸素」を次々と捕まえて無害にしてくれる抗酸化作用があるのです。

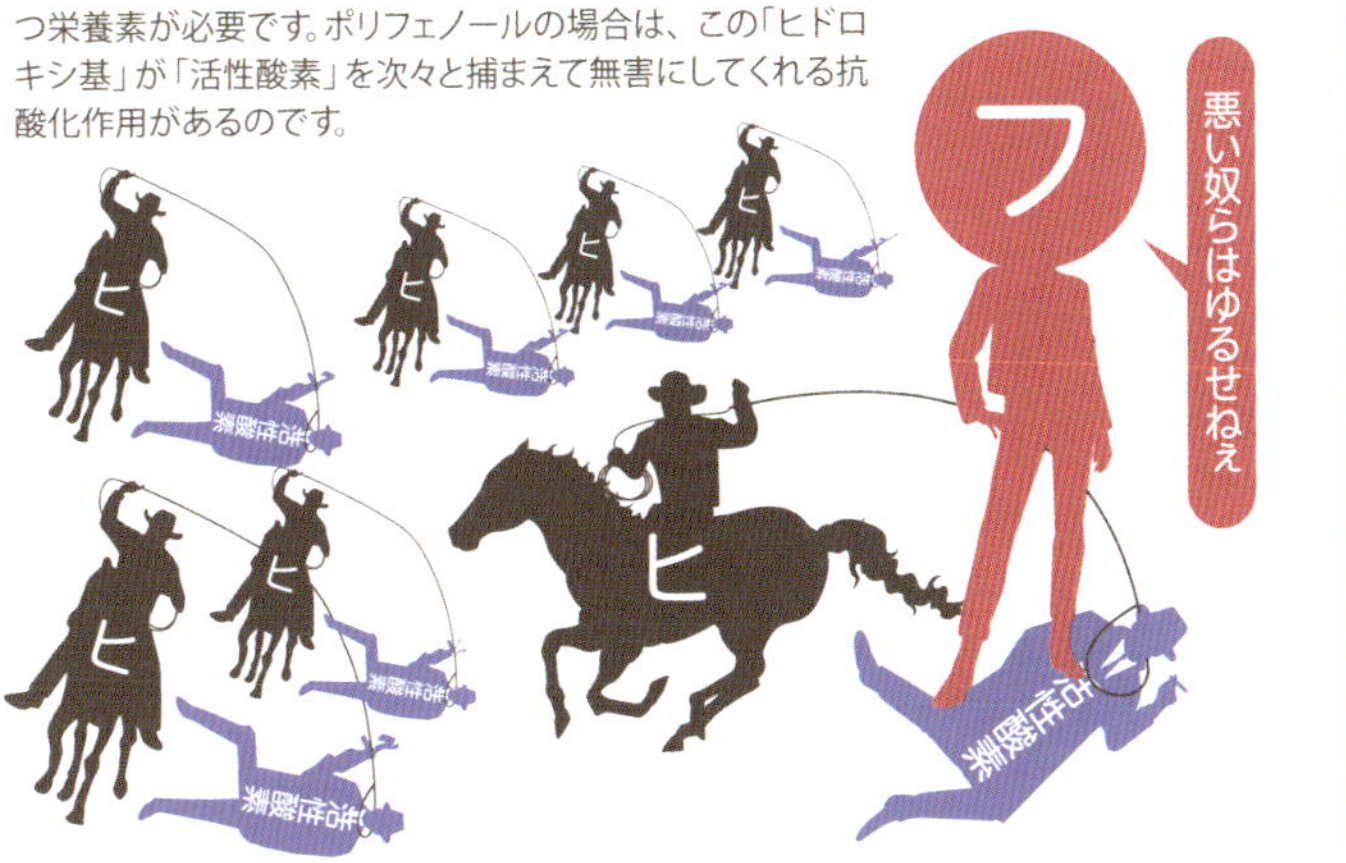

疲労や紫外線、よくない食品の摂取などで常にたくさんの「活性酸素」と呼ばれる物質ができてしまいます。活性酸素は、血管や内臓などの細胞を傷つける有害物質。抵抗力が弱ると、病気をひきおこします。

が多いにも関わらずインスリンの分泌が抑制される傾向にあった」と指摘し、「タンパク質、脂質、食物繊維、アントシアニンおよびインターフェロンなどの単一、あるいは複合的作用により食後の血糖値の上昇を抑制し、その結果インスリンの過剰な分泌が不必要となり、食後のインスリン値の上昇が抑制されたと考えられた」と結論付けています。

この実験では黒千石に含まれるアントシアニン（C3G）によって血糖値上昇を抑制するタンパク質が活性化した影響で、インスリンを過剰に分泌する必要がなくなったとしており、黒千石の機能性の高さを証明しています。

黒千石の成分を科学的に分析し、多くの検査結果を集めることでたくさんの健康維持に対する有用性が明らかになるたびに、あらためて貴重な種の保存と栽培方法の継承が問われます。

驚異の免疫回復力は黒千石を毎日食べる習慣を作ることから。

医者も驚くような自らの実体験をもとに、多くの悩める人々に伝えた結果たくさんの喜びの声とともに、新たな利用法の発見の報告が届いています。

黒千石をきな粉にして食べたり煎ってお茶にして飲んだりを続けた人たちから、体質改善したという報告が村井さんの手元にたくさん寄せられています。その中から主だったものを紹介します。

◆士別市 50代 主婦◆

乳がんと診断されて病院通いを続けながら、黒千石のきな粉をみそ汁に溶かして飲み続けていました。しばらくしてから病院でがんの定期検査をしたところ、乳がんが小さくなっていると診断されました。お医者さんも私もほんとうにびっくり。それ以来、きな粉入りみそ汁は毎日欠かさず飲み続けています。

◆北竜町 30代 女性◆

きな粉入りみそ汁を愛飲していると、体の調子が良く、血圧が下がって便秘気味な体質もどんどん改善されました。もしかしてと思い、脱毛の酷かった飼いネコにも、みそ汁に入れていた黒千石きな粉をエサに混ぜて与えると、しばらくして抜け毛が治まり毛色もよくなり、部屋の掃除も楽になりました。動物病院で診てもらったらペットもストレスで脱毛症になると言われ、ストレス改善にも効くらしいと驚きました。

◆北竜町 80代 男性◆

脳梗塞で半身不随になり、不自由な生活を送っていた私ですが、わらをもつかむ思いで黒千石のきな粉を毎日欠かさず大さじ2杯、みそ汁とヨーグルトにそれぞれ入れて食べ続けていました。すると8カ月後、引きずっていた足が動くようになりました。呂律も以前と比べると回るようになり奇跡を信じて本当に良かったと心から思います。

◆秩父別町 80代 女性◆

脳腫瘍に悩まされ、なかなか完治しないのでいずれ手術を受けようと思っていた頃に、黒千石に出会いました。毎朝大さじ2杯分のきな粉をみそ汁に入れて飲んでいましたが、2年後の定期検査で医師から腫瘍が消えていると言われ、ほんとうに嬉しかったです。

◆乙部町 50代 男性◆

煎った黒千石をお茶にして毎日飲み、お茶で使った豆はそのままご飯と一緒に炊いて食べていますが、ここ数年は風邪を引くこともなく、体調がよいので仕事も毎日元気にこなしています。

村井じいちゃんの けんこうてんでこ その3

笑いながら楽しく生きよう
自分の食事にもっと気を使おう
趣味と友達を大事にしよう

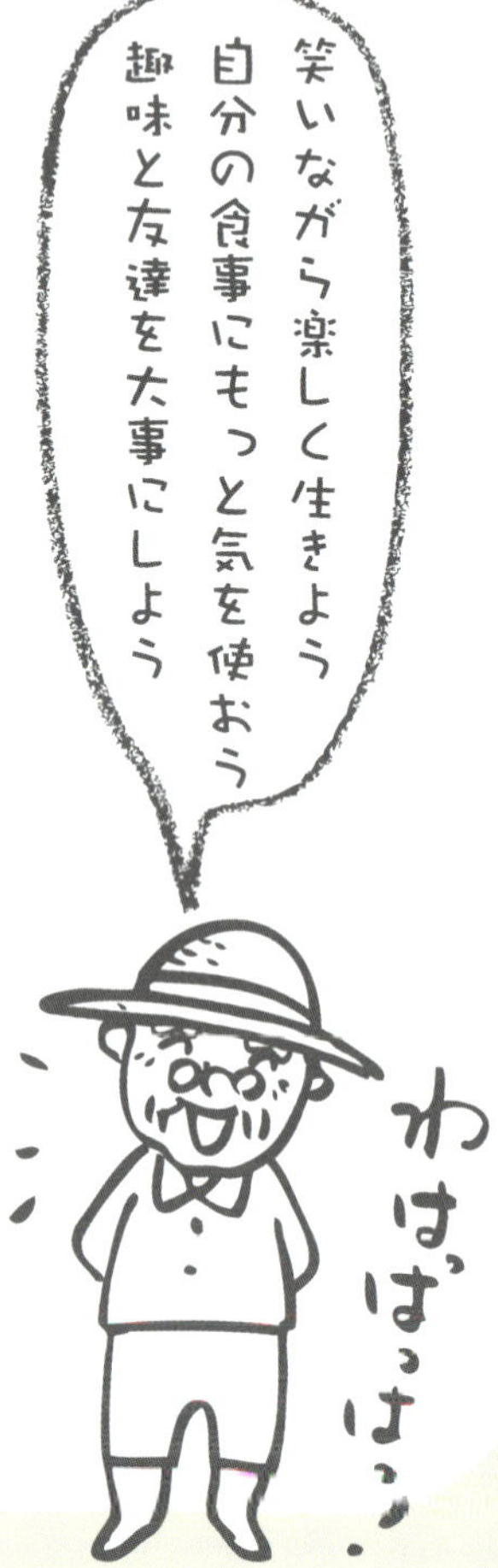

原因が不明な病気が増える、薬の処方の見当がつかない、薬の副作用のため治療が困難などの話を聞くにつけ、「なぜ病気が発生するのか」との疑問は尽きない。私は心臓肥大症で長期の治療を体験した少年時代より病気と健康の関係を解くために膨大な量の医学書をひも解き続けている。それでも内科、外科のお世話になる機会はなにかとおきてしまうもの。そんな時は病院で出会う医師や患者たちへの取材の機会として大切にしてきた。集めた知識と実際の暮らしと健康の関係を探るためだ。おかげで、健康管理が日課になり80歳を過ぎても不自由なく日々を送っている。健康な体づくりは日々の暮らし方の結果。自分で納得した健康であるための暮らしの重要ポイントをざっくりと記しておく。

【免疫力の維持】病を呼ぶのは免疫力の低下が大きな原因。免疫力を保つためには食事管理は重要。良質な季節の野菜や果物を積極的に取り入れること。他、劣化した油や新鮮でないもの、信頼できない加工食品は選ばないようにする

ことなど食品選びは充分意識すべき。

【幾つになっても三大欲求は大切に】 規則正しい食事時間を守り、ほどほどに色気を失くさぬよう、また分相応の物欲を満たすこと。我慢ばかりが美徳ではなく、人生が最低限満たされていると感じることこそストレスの軽減につながり、免疫にも影響する。

【笑顔とスキンシップを大切に】 楽しい会話、握手やハグ、肩を寄せ合うなど信頼のおける人間関係は心を落ち着かせ、満たされた思いを感じさせるもの。身近な人間関係を大切にし、旧交をあたため、新たな出会いにも臆病にならず対話不足や孤独に陥らぬよう心がけたい。笑顔のある暮らしと健康は対のものと言っても過言ではない。

【脳の活性化で認知症予防】 日々適度に頭を使う人々は認知症になりにくい。活字を読む、手紙を書く、その日の出来事を俳句にしたり、家計簿をつけたりと手軽に脳を動かす習慣は大切。友人とともに体を動かしたり、歌ったり会話を楽しむ時間を持つことも効果的。ぼーっとテレビばかり見ているよりも、楽しく体と心と頭をうごかそう。

【ストレスを管理する】 ストレスのない暮らしは難しい。しかしストレス解消で酒を飲み過ぎたり夜更かしをしたりは逆効果。ムダにイライラくよくよしないで、まずは風呂にはいって、ぐっすり眠ってリセットする。病的に溜めてしまったなら専門家に相談する手も。

第4章

毎日たべたい黒千石の免疫強化レシピ

黒千石大豆 3つの基本形態

さまざまな料理に合わせて使い分ける常備素材

レシピ監修
片山寿美子先生
北海道女性農業者倶楽部
(通称・マンマのネットワーク)事務局長

2007年に立ち上げた「マンマのネットワーク」を通じて、新たな食文化の掘り起こしや、健康で豊かな食生活を送るための素材や技術を、家庭に伝える活動を行っている。また、黒千石大豆の普及にも長年取り組んでいる。

生豆

通常は乾燥した状態で販売されています。料理をするときは、水で戻してゆでたり、乾燥豆は炒って使います。なお、水煮にして冷凍しておけば、手軽に使えます。また、黒千石大豆は小粒なので、甘く煮て小豆の替わりにも。ほか、酢に漬けて黒千石酢として使うのもおすすめです。お手間はちょっとかかりますが、生豆を加工しておけば、広範囲な料理に使えます。

きな粉

きな粉は炒った豆を挽いて粉にしたものです。栄養価は生豆と変わらず、粉状にしたことで香りがよくなり、消化しやすく栄養の吸収率も良いのです。また、整腸作用があり、鉄分も豊富です。毎日、大さじ１～２杯を目安に、ヨーグルトに入れたり、牛乳にとかして飲むほか、ペーストにしてパンにぬったり、パンやクッキーに練り込むなど、手軽に活用できます。

ドし

ドンは生豆を炒ったものです。栄養価は生豆とかわりません。炒ってあるので香ばしく、そのままぽりぽりおやつやおつまみとして食べられます。また、煮だしてお茶にして飲んだり（残った豆は食べる）、そのままお米に入れて炊き込みご飯にもできます。ドンはあるととても便利で手軽。いろいろな使い方ができるので、常備しておきたいものです。

黒千石炒り豆

イソフラボンやポリフェノールが豊富な黒千石を炒って常備しておくと、いろんな料理に応用でき、便利。

【材料】
黒千石大豆…1カップ（約150g）

【作り方】
①黒千石を水で軽く洗い、ザルにあげて乾かす。
②小さめのフライパンを熱し黒千石を入れて中火で焦がさないように炒る。
③炒っているうちにパチパチと皮がはじけてくるので、火を弱め木べらで平均に混ぜる。
④香ばしい香りがしてきたら火を止める。
⑤粗熱をとって保存容器に移す。
＊このまま、おやつにぽりぽり食べられる。

黒千石のお茶

【材料】1人分
黒千石炒り豆…大さじ1
水…200㎖

【作り方】
①水を入れたやかんに入れてゆっくりと煮出す。
＊お茶を煮出したあとの黒千石は、そのままおやつに、軽く塩を振っておつまみに。

応用編　黒千石の玉子焼き

【材料】1〜2人分
卵…3個
お茶を煮出したあとの黒千石…大さじ3〜4
さとう・しお・しょう油…各少々

【作り方】
①といた卵に調味料、黒千石を混ぜ合わせる。
②熱したフライパンに油をひき、①を2〜3回に分けて加え、厚焼き玉子の要領で作る。

黒千石水煮

コトコト煮て煮豆にしておくと、いろんな料理に応用できて便利。保存は冷凍庫で。

【材料】
黒千石大豆…１カップ（約１５０ｇ）
水…９００㎖
しお…小さじ１

【作り方】
①黒千石を一晩水に浸して戻す。
②鍋に①の水と豆を入れ弱火で煮る。
（圧力なべで煮てもよい）
③柔らかくなったらしおを加える。
ひと煮立ちさせ味を含ませ火を止める。
④粗熱をとって容器に移し保存。
（冷蔵庫では2〜3日、冷凍する場合は、冷凍用保存袋に入れる。冷凍だと1ヶ月）

＊サラダや豆餅、カレーやスープ、炒め物などの具材として利用する。

黒千石甘煮

【材料】
黒千石大豆…１カップ（約１５０ｇ）
水…９００㎖
さとう…１カップ（砂糖は加減して好きな甘さに）

【作り方】
①黒千石を一晩水に浸して戻す。
②鍋に①の水と豆とさとうを入れ弱火で煮る。
（足りなかったら水をたす）
③焦げないように混ぜながら、
煮詰めて火を止める。
④粗熱をとって容器に移し保存。

＊ヨーグルトにかけたり、白玉団子や寒天などにかけて食べる。

黒千石酢

黒千石大豆に含まれるポリフェノールがたっぷりの酢になる。

【材料】
黒千石大豆…２００g
酢…２カップ

【作り方】
①黒千石大豆を中火で焦がさないように炒る。
（基本レシピ1の炒り豆参照）
②①の粗熱をとり瓶に入れる。
③酢を注ぎ冷蔵庫で保管。
④時々数回上下に振り、酢と黒千石を混ぜ合わせる。
⑤豆が浮き上がってきたら食べ頃。

＊豆を浸けた酢は、漬物やサラダの調味料として利用する。また、酢に浸った豆は酢豆として具材に利用できる。

黒千石入りなます

ほんのりピンク色で、やさしい酸味のなます。

【材料】
大根…２分の１本
にんじん…３分の１本
酢豆…大さじ2
しおもみ用しお…適宜
さとう…大さじ3
しお…小さじ1
黒千石酢…大さじ3

【作り方】
①大根、にんじんは洗って皮をむき、千切りにする。
②ボウルに①を入れ、軽くしおでもみ、しんなりとさせて水洗いし、しぼる。
③②をボウルに戻し酢豆を加え、黒千石酢、さとう、しおを加えて、味付けする。

応用編　大根の千枚漬け

【作り方】
洗って皮を剥いた大根を薄く切り、なますと同様の調味料で漬ける。

Recipe 1

黒千石ご飯

風味も、味もよく、高タンパクで機能性も高いと言われている極小粒の黒千石大豆のご飯。

【材料】4～6人分
米…3合
黒千石大豆…50g
酒…大さじ3
しお…小さじ1.5
昆布…10㎝
黒千石を浸す水…米が浸る程度

【作り方】
①黒千石を洗い、4～5時間水に浸す。
水に黒千石大豆の色が溶け出し紫色になるがこの水は捨てないこと。
②米は、洗米後2時間水に浸し、ザルにあげ水気を切っておく。
③炊飯器に洗米した米と、①の黒千石大豆を加え黒千石をつけおいた水で水加減し、酒、しお、昆布を加えて炊く。

＊あらかじめ炒り豆（基本レシピ1）を使用するときは豆を浸す必要はない。
＊炊飯する水加減は、米が浸る程度が目安になるが、米の品種や浸した時間によって変わるので適宜調整すること。
＊炊飯するとき、梅干を1個入れて炊くか炊飯後、酢を少量加えて混ぜると色鮮やかな桜色の仕上がりになる。

Recipe 2

黒千石の桜巻ずし

レシピ1の黒千石ご飯を利用する桜色の巻ずし。

【材料】4〜6人分

炊きたての黒千石ご飯…3合分(レシピ1参照)
焼き海苔(全型)…5〜6枚分
卵…3個
きゅうり…約2本
かんぴょうの煮物…適宜
すし酢(市販品)…適宜
みりん…小さじ1
*巻く具材はお好みで

【作り方】

●具材を作る

①厚焼き卵は、溶いた卵3個に、さとう小さじ1、みりん小さじ1、しょう油小さじ1を入れ、混ぜ合わせたものを1cmほどの厚さに焼く。冷めてから1cm角の棒状に切っておく。
②きゅうりは縦に長く4等分にしておく。
③かんぴょうは前日から水で戻して、しょう油、みりん、さとうを1：1：1の分量で、煮ておく。

●巻く

①黒千石ご飯ですし飯を作る。
②海苔1枚、広げた巻きすにのせる。
③上2cmくらいを残し、すし飯を広げる。(すし飯は、海苔が少し透けて見えるくらい)
④真ん中より少し下に具材を並べる。
⑤下側から巻きすごと持ち上げ、指でのせた具をおさえながら、上の2cm残した部分まで一気に巻く。
⑥切るときはすぐに切らず、少しなじませてから切る。切りづらくなるので一切りするごとに、包丁をぬれ布巾で拭くとよい。

*水と酢を同割で合わせた「手酢」を用意し、手に付けてすし飯を広げるとよい。
*すし酢は市販のすし酢45㎖と、普通の酢45㎖を合わせて使えば塩分を軽減できる。

黒千石の五目炊き込みご飯

黒千石炒り豆（基本レシピ1）を利用した五目ご飯です。豆を水に浸す手間がなく、香ばしい香りがするご飯です。

【材料】4〜6人分

米…3合
黒千石炒り豆…50g
だし昆布…10㎝
にんじん…2分の1本
ゴボウ…1本
生シイタケ…3個
タケノコ（水煮）…100g
酒…大さじ1
さとう…大さじ2
しょう油…大さじ3
しお…適宜

【作り方】

①米を洗米し2時間ほど水に浸し、ザルにあげ水気を切る。
②にんじん、ゴボウ、シイタケ、タケノコはそれぞれ洗い下ごしらえして、粗目のみじん切りにする。
③炊飯器に米を入れ、②の野菜と黒千石を加え水加減し、酒、さとう、しょう油、しお、だし昆布を加えて炊飯する。

黒千石のドレッシング漬け

黒千石酢（基本レシピ3）を利用した
ドレッシングで作る洋風漬物。

【材料】

黒千石酢…100㎖
酢豆…大さじ3
大根…100g
にんじん…100g
キャベツ…100g
ニンニク…1片（好みで量を加減）
赤とうがらし…1本
しお…小さじ2
さとう…小さじ2分の1（オリゴ糖があれば小さじ1）
オリーブオイル…大さじ3

【作り方】

①大根、にんじん、キャベツは洗って一口大に切る。ニンニクは粗くきざんでおく。
②ボウルに黒千石酢、オリーブオイル、しお、さとうを入れ、よく混ぜ合わせ、ドレッシング液を作る。
③熱湯で消毒したビンまたは保存袋などに野菜をいれ、赤とうがらしと酢豆を加えたのち、ドレッシング液を入れ、フタをして冷蔵庫で2日ほどねかせる。

＊つける野菜は長いも、セロリ、カブ、玉ねぎなどを利用してもよい。

黒千石の肉みそ

黒千石水煮（基本レシピ2）を利用したおかずみそ。

【材料】
黒千石水煮… 大さじ2
ひき肉… 100g
しょう油… 小さじ1
酒… 小さじ2
しょうが… 20g
みそ… 大さじ2
さとう… 小さじ2
みりん… 大さじ1
長ネギ… 1本
油… 小さじ2

【作り方】
①しょうが、長ネギはみじん切りにしておく。
②ボウルにひき肉を入れ、しょう油、酒を加えて混ぜ合わせ、なじませておく。
③フライパンに油を入れて軽く熱し、しょうが、黒千石水煮、ひき肉を炒める。
材料に火が通ったら、みそ、さとうにみりんを加えてさらに炒め、火を止める直前に、長ネギを加えて軽く混ぜて火を止める。

＊野菜の他、豆腐や厚揚げにもよくあう。
＊おかずみそとしてご飯やうどんなどに。
＊シソ巻きや、おにぎりの具としても。

■写真は大根のソテーにのせています。

Recipe 6

黒千石のミネストローネ

黒千石水煮（基本レシピ2）にトマトやズッキーニを加えて作る、洋風の食べるスープ。

【材料】4～5人分

黒千石水煮…100g
玉ねぎ…1個
にんじん…1本
ズッキーニ…100g
しめじ…1袋
トマト（大）…2個
ニンニク…2片
オリーブオイル…大さじ5
バルサミコ酢…大さじ2
赤ワイン…80㎖
白コショウ…適宜
しお…適宜
ベーコン…200g
水…120㎖

【作り方】

①玉ねぎ、にんじん、ズッキーニ、ベーコンは角切りに、ニンニクはみじん切りにする。
②しめじは石づきを取りばらしておく。トマトは湯むきし乱切りにする。
③鍋にオリーブオイルと①を入れ軽く炒め、黒千石水煮を加えて炒める。
④赤ワインを加え、アルコールを飛ばし、②を入れ、水分量を見ながらコトコト煮こみ、水を加えて10分ほどさらに煮込む。にんじんが柔らかくなったら、バルサミコ酢、しお、白コショウで味を調える。

＊バルサミコ酢は好みで加減してください。
＊野菜はセロリ、カリフラワー、ブロッコリーなどを加えても美味しい。

黒千石の豆ハンバーグ

黒千石水煮（基本レシピ2）をたっぷり使った
ヘルシーなのにボリューム満点のハンバーグ。

【材料】４人分
黒千石水煮…３００g
合いびき肉…２４０g
パン粉…大さじ3
牛乳…大さじ3
ナツメグ…少々
しお・コショウ…少々
油…適宜

【作り方】
①水気を切った黒千石水煮をつぶす。
（ポリ袋に入れてつぶしてもいいし、マッシャーでつぶしてもいい）
②①と合いびき肉、パン粉、牛乳、ナツメグ、しお・コショウを混ぜ合わせ、８等分して成型する。
③フライパンに油を熱し、②を並べ両面焼く。
④野菜を添えて、ケチャップやソース、デミグラスソースなどでいただく。

黒千石カレー

黒千石水煮（基本レシピ2）を使った
食べやすい豆カレー。豆が苦手な人にも。

【材料】4人分
黒千石水煮…100g
とりひき肉…160g
玉ねぎ…中1個（200g）
にんじん…小1本（100g）
カレールウ（市販品）…2分の1箱
油…大さじ1
水…適量（使うカレールウの分量で）

【作り方】
①にんじんと玉ねぎはみじんぎりにしておく。
②厚手の鍋に油を熱し、
とりひき肉と①をよく炒める。
③水を加え沸騰したらあくを取り、
材料が柔らかくなるまで中火で煮込む。
④いったん火を止めて、カレールウを割り入れ、
水を切った黒千石水煮を加える。
⑤再び弱火で煮込み、とろみがでたら火を止める。
＊ご飯は白米でも黒千石ご飯でもＯＫ。
＊好みでかぼちゃやトマトをいれてもおいしい。

Recipe 9

黒千石のきな粉クリーム

市販の黒千石きな粉で作ったクリーム。
たっぷり塗って食べたい。

【材料】できあがり約400g
黒千石きな粉…100g
無塩バター…100g
生クリーム…2分の1カップ
さとう…50g

【作り方】
①フードプロセッサーに、黒千石きな粉と常温にもどした無塩バター、生クリーム、さとうを入れなめらかになるまで混ぜ合わせる。
②全体になめらかになったら、密封容器に入れて冷蔵庫に保存する。

＊一週間程度で食べきること。
＊量が多い場合は冷凍して一カ月以内に食べる。

Recipe 10

黒千石豆入りきな粉クッキー

黒千石炒り豆（基本レシピ1）と、市販の黒千石きな粉を使った栄養たっぷりで香ばしい固焼きクッキー。

【材料】約14枚分

バター…10g
卵（L）…2個
さとう…50g
黒千石炒り豆…100g
黒千石きな粉…100g
薄力粉（または大豆粉）…100g

【作り方】

①黒千石炒り豆を粗めに砕いておく。
②鍋にバターを入れ、とろ火で溶かす。さとうを加え軽く混ぜて火を止め、といた卵を加えてさらに混ぜる。
③ボウルに②と黒千石きな粉を加え、全体を混ぜ合わせる。
④薄力粉（または大豆粉）を加えこね、①を加えてさらにこねる。
⑤めん棒で④を5～6㎜の厚さにのばし、型抜きで抜いて成形し予熱した180℃のオーブンで20分焼く。

＊もし水分が足りなくて生地がまとまらなければ、水または豆乳などを少したしてこねる。

村井じいちゃんの

けんこう てんでこ

その4

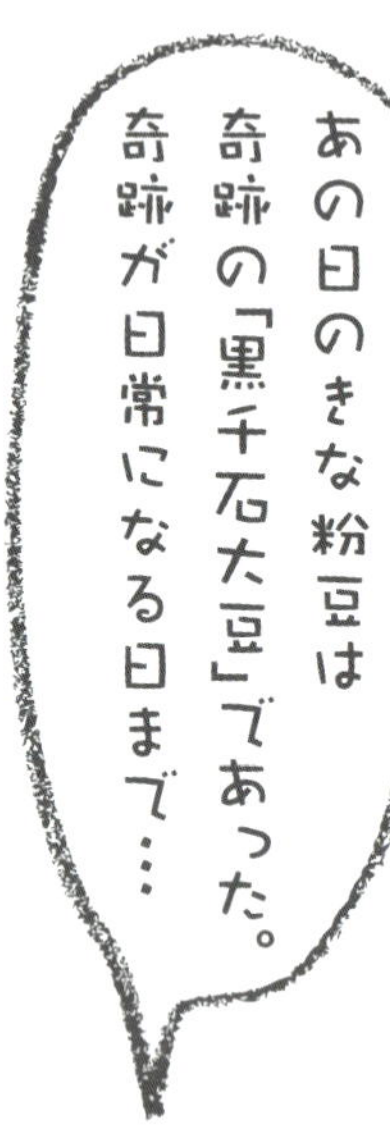

あの日のきな粉豆は
奇跡の「黒千石大豆」であった。
奇跡が日常になる日まで…

北海道の農家は開拓民。飲み水は井戸を掘り、家も自ら建築に携わり、農地開墾……たくましい開拓民の家に生まれた私は、小さいうちから作業の手伝いはあたりまえだった。小学3年生のころ、家に帰るとばあちゃんに「明日雨降るから黒豆を納屋に積むから手伝えやな」と言われ手伝った時のこと。乾燥してはじけた黒豆（黒千石大豆）が、見たこともないような小粒だったので「ばあちゃん、この豆なんて豆」とたずねると、「この豆はなぁ、きな粉豆じゃ」と教わった。後日焙煎してできあがったきな粉でお駄賃代わりのきな粉餅にありつけた。これが私と黒千石大豆の初めての出会いの瞬間である。

当時の暮らしは、風呂と言えば五右衛門風呂。釜に水を運ぶ（離れた井戸からバケツで28杯）のも、子どもの仕事。小学5～6年にもなれば、稲の脱穀作業（手ぬぐいマスクで足踏み脱穀機）なども子どもの仕事になる。粉まみれで大変だったが、おやつのおにぎりのおいしさが原動力であった。よく体を動かし、ごはん

きなこ豆じゃ
村井少年

をいただき（米、穀類、野菜が主）働けば何でもおいしい。つかれたら風呂に入ってすぐ寝る。テレビもラジオも新聞もない、そんな余計な誘惑のない健全な暮らしの中で鍛えられてはいても突然、病にはなる。無心に健康に暮らす知恵をあれこれと学び続け、健康になるために研究実践した。

前後して世界は大戦を迎えていた。農家であっても、家にある物は国に拠出。食べるものは配給に頼る時代を経験して大人になり、「生きるとは、社会とは、健康とは何か」と、環境や心の問題も考えるようになり、自分独りの考えではどうにも先に進めない、努力もがんばりも汗も涙も、地域社会や友人、家族のために互いに団結し、より広く大きな視野でともに成長してゆかなければ大したことはできないと気付く。若くして組合の役職に据えられ鍛えられた。そして地域の農環境を良くすべく農地改革に向けて粉骨砕身がむしゃらにがんばった。情報を集め、たくさん経験し、体験し、今がある。汗と涙と血を流して、苦楽を共にした地域の仲間があっての現在の周辺環境である。

皆様への感謝の事業として、皆の健康と長生きに貢献する作物、ばあちゃんの思い出と共に心にあった、きな粉豆「黒千石大豆」の復活と普及に携われたことは本当に嬉しく思う。がむしゃらにがんばりすぎの時代の無理が祟って少々壊していた自分の体も「黒千石大豆」を毎度の食事に取り入れ続けたことで医者もびっくりの改善が見られた。詳しくは、本書各章にて。日々の食事はレシピ集を参照されたし。

黒千石大豆の一生

1、5～6月の間に
播種します。

2、どんどん成長して
枝葉がのびます。

3、8月中旬、
花が開花します。

黒千石大豆の栽培の特徴をあげると、必要な日照時間が他の大豆に比べると多いことが分かります。他の大豆の積算温度が2400度に対して黒千石大豆は2700度。その分、栽培期間が長くなるのです。そして、栽培期間が長い分、ゆっくりと小さな豆の中に栄養をためるのかもしれませんね。ゆっくり成長する、手間ひまのかかる黒千石大豆です。

5、収穫期は10月中旬～
11月下旬。

4、花が咲き終わり、
実がつきます。

※北海道における黒千石の栽培時期です。地域によって栽培時期も積算温度も変わってきます。

第5章

黒千石大豆のつくり人と作ったもの

北海道内で黒千石の機能性にほれ込み、栽培しづらい特性を乗り越え、つくり続けている農家が大勢います。ここではその中から檜山管内乙部町の町職員と生産団体、十勝管内浦幌、本別両町の農家の取り組みを紹介します。また、本来の効能を活かして作られている黒千石の商品などもご覧いただきます。

取材・文／安川 誠二

好奇心とアイデアで黒千石の化粧品も開発

十勝　うらほろ　おかだ農園

おかだ農園
企画担当の岡田愛啓さん

Hand Shake
OKADA NOUEN

健康な土づくりから生まれた「おいしく、安心、安全な」農産物を、消費者に食べてほしい

岡田愛啓《よしひろ》さんが黒千石を栽培してみようと思ったのは、北大遺伝子病制御研究所の教授だった西村孝司さんとの出会いからでした。7〜8年前に浦幌町内で開かれた食育に関する講演会に西村さんが講師で招かれました。その講演の中で西村さんは黒千石の機能性について熱く

語ったのです。

岡田さんが食育に関心を持つのも、「健康な土づくりから生まれたおいしく、安心、安全な農産物を、消費者に食べてほしい」とのモットーで日々農場に向かってきたから。講演を聞いた岡田さんは、西村さんから紹介してもらった村井さんにすぐに連絡を取り、1キロの黒千石を北竜町から取り寄せました。勉強熱心で根っから好奇心旺盛な岡田さん、北大の研究所にも西村さんを幾度となく訪ねては黒千石の抗酸化作用などの機能性についていろいろと学び、知識をどんどん深めていきました。

作付けした初年度はやはり生育期間が長い黒千石に手こずり、「なかなか思うようにはいかなかった」と振り返ります。毎年、栽培を続けていても順調には行かないのが黒千石で、収穫は毎年、11月25日前後までかかると言います。しかし、2017年は黒千石に限らず、ほかの豆や小麦などすべての農産物の作柄が良く、黒千石も70アールの畑を平年より10日以上も早い11月12日に刈り取りました。岡田さんは笑顔で「最高の出来になるでしょう」と語ります。黒千石の需要も毎年増えており、18年は1ヘクタールまでに作付面積を広げようと考えています。

おかだ農園の総面積は42ヘクタールで、そのうち豆類は約13ヘクタール、小麦が12ヘクタール、テンサイが13ヘクタールで、ほかにカボチャやスイートコーンも作っています。豆類は金時が7ヘクタール、大豆が3ヘクタール、黒豆は黒千石と同じ70アールです。

完熟たい肥を畑に入れるなど健康な土づくりを続けてきたお陰で、17年は面積の半分ほどを不耕起で栽培し、18年はほぼすべての畑を不耕起にする予定です。これらすべての農作業は3年ほど前から長男の雅裕さんに任せて、自らは企画販売担当として、農産物の販売戦略を練ったり農園のオリジナル商品の開発をしたりと走り回っています。

黒千石でつくったお茶、きな粉、ご飯に混ぜる炒り豆などの加工品は好評で、特に道の駅「うらほろ」限定で販売しているきな粉を使ったソフトクリームの売れ行きがよく、きな粉の出荷量を支えています。ユニークなのが黒千石を材料にした化粧品の開発です。人脈の広い岡田さんは知り合いの化粧品会社社長から「黒千石で化粧品ができないものか」と持ちかけられたそうです。

機能性については西村さんから教わっていたので、岡田さんは「よし、やってみよう」とチャレンジしたのです。でも初めてのことだったので試行錯誤が続きました。石鹸は最初、黒千石を砕いて粒を混ぜたがうまく行かず、商品化していたきな粉を使ったらしっとりとした泡立ちのよい石鹸になりました。化粧水も黒千石から抽出したエキスをしっかりと配合するまで1年かかりました。２０１５年秋にそれらの試供品をつくり、16年春からホームページなどを通じて本格販売を始めました。

黒千石のほか小豆や大豆など8種類の豆類はネット通信販売のアマゾンも活用し、全国各地に届けています。「十勝　うらほろ　おかだ農園」と書かれた名刺には、輝く太陽の下で生産者と消費者が共に手を携えているイラストをあしらいました。岡田さんは「消費者との信頼が一番大事。イラストはその思いを表現しました。黒千石を含め、これからも健康な畑から健康な農産物を届けたい」と力を込めます。

息子の岡田雅裕さん
現在、社長業を引き継ぎ、
農作業すべてを仕切る

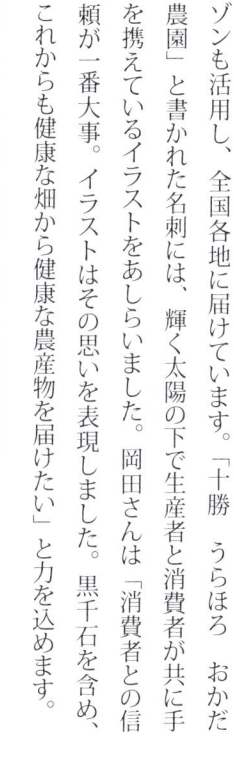

村井さんとの縁から始めた黒千石栽培

本別町　山田哲夫・富江夫妻

本業だった牛飼いを 17 年前に定年し、ゆったりと畑作をしながら暮らす山田哲夫さん、富江さん

豆にこだわり、豆で健康を願う

「日本一の豆の町」として知られる本別町の山田富江さんは、地場産豆を使った豆腐やみそなどの加工品作りをする「本別発・豆ではりきる母さんの会」で、豆腐部門の部門長を務めています。富江さんは地元住民だけでなく本別産豆腐を大消費地・札幌に売り込もうと、道庁前で行っている「北のめぐみ愛食フェア」にも毎年、夫の哲夫さんと一緒に出品しています。

富江さんは北海道女性農業者倶楽部（マンマのネットワーク）にも所属

し、村井さんも同倶楽部メンバーだったことから、フェアでは山田さん夫妻は豆腐を、村井さんは黒千石を同じテント内で販売した年もありました。そんな縁から村井さんと親しくなった山田さん夫妻は、村井さんから黒千石の種を購入し、4年前から畑で栽培するようになりました。

山田さん夫妻の子どもたちは既に独立し、市街地から少し離れた山間部にある自宅で今は2人、ジャガイモと大豆、小豆、青エンドウ、栗豆、それに黒千石の豆類を、自家用として50アールに作付けしています。7年前からは毎年、農村ホームステイの受け入れ農家として自宅を提供し、忙しい毎日を送っています。

黒千石の栽培面積は小さいですが、哲夫さんはできるだけ品質のよい黒千石を収穫しようと植える場所をいろいろと工夫しています。２０１６年は小豆の後の畑に、２０１７年には休耕していた畑に作付けしました。さあ、豆類の収穫をしようとした昨年の晩秋のある日、畑に行くと豆類の実はすべてなくなり、裸の茎だけが残っていました。

富江さんは「シカさんも秋も深まると食べ物がなくてね。一晩で食べられました」と笑い飛ばし、哲夫さんも「夕方になると必ず現れるんだ」とあきらめ顔です。それでも愛食フェアで一緒に対面販売した村井さんからもらった貴重な黒千石です。一昨年の種が手元にわずかに残っているので、今年も黒千石を作付けし、シカの食害に遭わず高品質なものが収穫できるようにと、2人は願っています。

地域の結束力と情熱が実を結んだ
黒千石の名産地「乙部町」

いち早く黒千石の栽培に乗り出した乙部町。今では道内の一大産地だ

黒千石の生育に適した温暖な気候で道内有数の生産量を誇る乙部町

乙部町の黒千石栽培は町役場の主導で始まりました。もともと道南地方は大豆の特産地として知られており、乙部町も昔から黒大豆や鶴の子大豆などを生産していました。町役場では厳しい農業環境が続いていた2005年、地元農家をしっかりサポートしようと、「農業再

生プラン」に着手しました。

プランでは新規作物として需要が伸び始めていたブロッコリー生産に乗り出し、スイートコーン、カボチャとの輪作体系の中に、地元特産の大豆も組み入れたのです。プラン策定には、北竜町での黒千石復活を果たした田中淳さんもかかわっていました。プランの中の「大豆プロジェクト」では田中さんのアドバイスのもと、黒千石の他、白大豆（大莢白乙女）、黒大豆（乙部大黒）、緑大豆（越前みどり）の栽培を奨励したのです。このプロジェクトを担ったのが、当時企画室長だった小石裕之総務課長と産業課長補佐だった杉江英樹教育長でした。２人は寺島光一郎町長の特命を受けて、大豆の規模拡大に奔走したのです。

そのころ北竜町でも黒千石の栽培に向けた取り組みが始まっていました。村井さんたちグループは２００４年、岩手県で栽培していた黒千石の種を道庁経由で手に入れていたことから、時を同じくして２００５年に乙部、北竜両町同時に黒千石の栽培がスタートしたのです。

村井さんは栽培規模の拡大を目指して採種は乙部町に委ねました。「北竜と比べると道南の乙部は気候も温暖で、積算温度に悩まされることはなかった」からです。栽培初年度は両町で26戸が42ヘクタールを作付けし、43トンの収穫がありました。温暖な乙部町で種子生産を担い、全量を北竜町に出荷して選別するという体制が始まったのです。

乙部町では２００６年2月、近隣の上ノ国町の農家も巻き込んで農家15戸が「ひやま南部大豆生産組合」を設立しました。初代組合長に就いたのが、当時町内でも１００ヘクタールもの大規模農業をしていた大川勲さんです。大川さんは「その時の役場からは、私たち地元農家を何とかしなければという必死さが伝わってきました」と振り返ります。

その年は乙部、北竜両町から空知管内を中心に滝川市、岩見沢市、北見市、江別市、南幌町、厚沢部町などにも広がり、農家１４１戸、栽培面積２２６ヘクタール、収穫量は４２２トンにまで増えたのです。このように乙部、北竜両町の生産者がうまく手を携えて協力関係を築けたからこそ、黒千石が北海道で復活し、規模拡大できたのです。乙部町の寺島光一郎町長も「村井さんの情熱的で献身的な働きがなかったら、私たちもここまで動くことはできなかった」とたたえます。村井さんも道北の北竜から３００キロ近くも離れた道南の乙部に何度も足を運びました。村井さんは「寺島町長という強いリーダーがいたので、うまくいった」と言います。

その後、ひやま南部大豆生産組合は高齢化や後継者不足などで設立当初より組合員は減ったものの、16年度の農家数は乙部、厚沢部両町で12戸、栽培面積は約30ヘクタール、生産量は44トンあり、道内でも有数の黒千石産地を維持しています。

乙部町は２０１６年10月、地域商社の第３セクター「おとべ創生㈱」

を設立し、地域の特産品を売り込んだり、地域の魅力や情報の発信に乗り出しました。生産組合がつくる黒千石も、高級感を打ち出して瓶入りにして販売を開始。２０１７年11月にはＪＲ札幌駅構内で開かれた「檜山フェア」でも販売して、黒千石をＰＲしました。ネットショップも始めた地域商社を通じ、今後は「乙部産」を強調した黒千石の道内外への売り込みが期待できるでしょう。

黒千石大豆製品を入手して
日々、楽しみましょう♪

昔ながらの在来種を大事にした黒千石大豆を生産している
生産者の商品をご紹介します。
それぞれの商品のお問い合わせは記載のHPまたはTEL、
取扱い店などへお願いいたします。

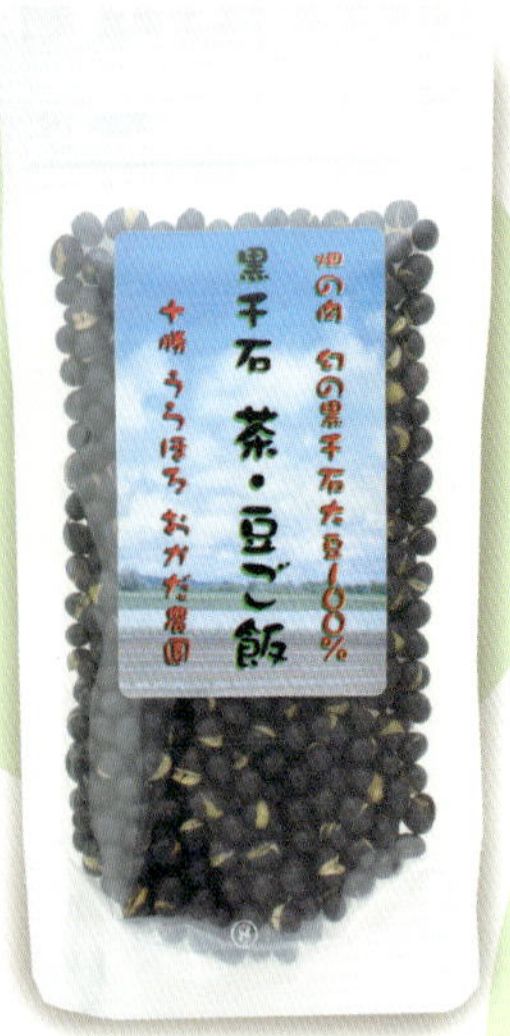

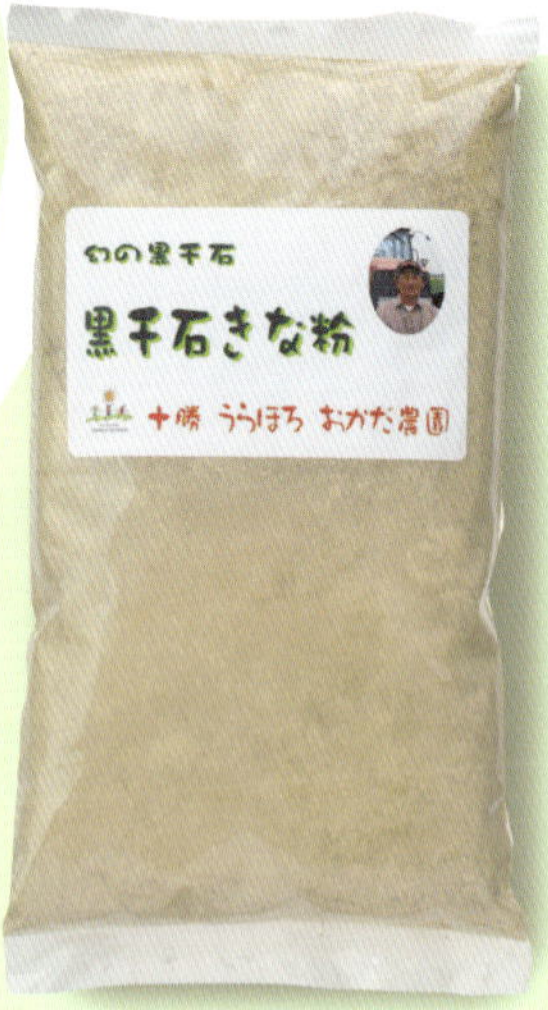

黒千石 茶・豆ご飯

お米にそのまま入れて炊くだけ。炊きあがりに酢を少々入れてかき混ぜるときれいなピンク色のごはんになります。ドン菓子に仕上がっていますのでそのままでも召し上がれます。

黒千石きな粉

ホットミルクやヨーグルトに、デザートやお料理に和風洋風メニューにこだわらず、気軽にお使いください。

幻の黒千石

こころをこめて栽培した黒千石の乾燥豆です。水で戻してから調理してください。

一黒の水（化粧水）

黒千石大豆種子エキスのほかに、ハマナス花エキス・カワラヨモギエキス・チョウジエキス・クマザサエキス・フユボダイジュ花エキス・トウキンセンカ花エキス・カミツレ花エキス他の天然成分を配合した大地の化粧水。

一黒の泡（石けん）

黒千石大豆粉配合、パーム油とヤシ油など植物性油脂を使用し、お肌思いの石けんに仕上がりました。

食べる幻の黒千石茶

お茶として使用した後の黒豆はお召し上がりください。また、そのままおやつに、料理に使い方は自由。

十勝 うらほろ おかだ農園

電話でお問い合わせください。

TEL/015-576-6722

先のページでもご紹介した
おかだ農園の黒千石大豆の商品はHPより、
オンラインショップで購入できます。
http://okada-nouen.jp/

ファームまつもとの
黒千石大豆　生豆

さまざまな野菜を札幌圏内で作るファームまつもとの丁寧に栽培された黒千石大豆です。

無肥料自然栽培
十勝きな粉 黒千石

すべての農作物を自然農法で栽培している折笠農場の、まぼろしのなかのさらにまぼろしのような、貴重な黒千石大豆と、そのきな粉です。

有機農産物
無肥料自然栽培
有機黒千石大豆

ファームまつもと

フェイスブックメッセージから
お問い合わせください。
https://www.facebook.com/kitabeji/

下記店舗にてお買い求めいただけます。

- コープさっぽろ 月寒ひがし店　ご近所野菜
  札幌市豊平区月寒東4条11丁目3-10
- 八紘学園 農産物直売所
  札幌市豊平区月寒東2条13丁目1-12

㈱折笠農場

電話、またはメールで
お問い合わせください。
TEL/0155-54-3111
FAX/0155-54-3675
E-MAIL/orikasa@olive.ocn.ne.jp

乙部町黒千石大豆　煎

煎った黒千石大豆の瓶詰めです。

乙部町黒千石大豆　生

生豆の瓶詰めです。

しろくろ

くろは黒千石大豆のあんを詰めた最中、しろはゆり根の最中です。

おとべ創生㈱

TEL・FAX/0139-62-5034

おとべ創生は、乙部町にある資源を活かした魅力ある商品の提案などに取り組んでいる地域商社です。商品は電話または FAX、フェイスブックメッセージなどでお問い合わせください。フェイスブック「おとべ創生㈱」

黒千石大豆
生豆カップ入り

いろいろな野菜や豆を栽培している前田さんの黒千石大豆です。また「豆くう人びと岩見沢」の代表として豆の普及に取り組んでいます。

黒千石大豆　生豆袋入り

北の百姓

直接販売はされていませんが、下記のお店で取り扱いがあります。

・まちカフェアルテ
岩見沢市4条西3丁目1
であえーる岩見沢2F
TEL/080-9618-0061

村井じいちゃんの

けんこうてんでこ

その5

奇跡は、ひとりじめせずに
未来まで届くように
大切に分かち合おうじゃないか

本書で綴っている黒千石の奇跡の効能は、在来種を復活に導き普及する過程で発見されてきた経験の積み重ねと、研究で証明された事実をもとにまとめており、私たちの語る黒千石に関する情報のすべては在来種についての報告である。

黒千石は奇跡の効能が多い作物であるが、収穫時期が遅く、倒れやすい性質を持っているため、手間ひまと収量に関する若干の不安も余儀なくされる気難しい作物である。めげずに生産方法の試行錯誤を繰り返し、その普及の努力の結果、より多くの奇跡を体感した喜びの声が日本国中から聞けるようになった。

だが、ビジネス視点で考えれば、「楽に、早く、たくさん生産して豊かになりたい」「安く原材料を仕入れて、たくさん販売して利益を増やしたい」と考えてしまう人は多いだろう。そうして、「種」を都合良く改造して目的を達成するのも人間の努力の歴史である。

しかし「奇跡」は「神の御業」であり、「種」こそ効果の源である。

商売も大切。だが、「種に対する感謝の心」をおろそかにしてはバチ当り。奇跡を求めて食するのは他ならぬ「豆、すなわち種」である。「早い・カンタン・儲かる」のために「種」をすり替えては、苦労してようやく築き上げた「奇跡に対する消費者の信用」を守れるのだろうか？　それは消費者の「選択の自由」を奪うことにならないだろうか？　黒千石が健康に及ぼす効果に対して感謝の言葉をくれるリピーターの皆様に、そして、祈るような気持ちで健康回復をねがう新規の消費者に、「奇跡の担保」が、平等になされなければ、黒千石の「ありがたい奇跡」の未来はどうなってしまうのだろうか？

在来種を心をこめて作れば、「奇跡は担保されている」のである。

この本を通じて、手間ひま惜しまず「在来種の黒千石」を生産することに誇りを持つ農家が増え、加工業者が「在来」とこだわる製品を作り、消費者がそれを見分けて購入していただくことでようやく在来種を未来に残すことができる。流行に乗るのか、奇跡を守るのか……、今後はマスコミ取材などでも、「手軽な新種」と「ありがたい在来種」を混同しない表現を意識していただくことを切にお願いする。復活した奇跡がまたもや文字通り「根絶やし」にならない為に。

あとがき

黒千石との出会いに感謝

黒千石のお陰で、たくさんの楽しみや喜び、出逢いをもらいました。道内あちこちで講演して「黒千石を食べて健康になろう」と大勢の人たちに呼び掛け、訴えてきましたが、一番の元気をもらっているのは私かも知れません。本当に黒千石には感謝しています。今年で86歳になりましたが、性格上じっとしていられないので、認知症予防も兼ねて、これからも黒千石の機能性の素晴らしさを、日々伝えていきたいと思っています。

ただ私には一つ気がかりなことがあります。黄大豆と黒千石を掛け合わせて品種改良した「竜系3号」という新品種が、北竜町を中心に広がりつつあることです。この新品種は、生育期間が長く農家にとって栽培しづらいという黒千石の欠点を克服しようと改良されました。早生化に向けて私は、他の品種を掛け合わせるのではなく、栽培する黒千石の中から早く実を付けるものを選抜して、それを繰り返すことで栽培しやすくしようと考えていました。この方法ですと時間はかかりますが、黒千石が持つ本来の機能性を損なうことはありません。黒千石の一番の特徴は、免疫

私が描いた黒千石のキャラクター「黒ちゃん」。片山寿美子さんにデータにしてもらいました。

機能と抗酸化機能が他の大豆と比べて優れていることです。

農家の苦労を考えると、品種改良の道も確かにあると思います。それを否定はしません。ただ、従来の黒千石と違う品種改良した新しい黒大豆は、本物の黒千石ではありません。それは品種改良によって黒千石が保有していた機能性を保持できているのか、まったく分からないからです。道内では乙部町や本別、浦幌町、また多くの農家の皆さんが、これまで通りの黒千石を栽培しています。私はそういった黒千石を守っていきたいですし、その黒千石を育てている農家を応援していきたいのです。

ばあちゃんから教わった農家の手料理

思い返せば小学校3年のころ、ばあちゃんの手伝いで黒千石と出会いました。6人兄妹の中で私は一番ばあちゃんにかわいがられ、いつもばあちゃんのそばにいました。母親は畑仕事に忙しく、家族全員の食事の支度は、ばあちゃんの仕事で私はその手伝いです。私が料理好きで今でも講演などの際には手作り料理を持参して皆さんに振る舞えるのも、ばあちゃんからいろいろと教わることができたからです。

得意料理だった「にしめ」は私も上手につくれますし、だしを取ったみそ汁も誰にも負けない味を出せます。母親がよくつくっていた野菜の「白和え」はなかなかその味が出せず親父から「猫も食わないぞ」と言われた時には落ち込みました。なにくそっ、と思い何回かチャレンジした後、厳しい親父がうれしそうな顔をして「うん、この味だ」と言ってくれた時には、私も本当にうれしかった。

その親父の言葉を本の中で紹介していますが、今思い出すのは「宣夫、何をしたいかでなく、何をするか、何を残すかだ」です。町議、農協組合長として実績を残してきた親父の言葉として心に残っています。私自身、たくさんの人たちに黒千石を通じて「健康」という宝物を少しでも残せているのかな、と自負しているところです。

札幌市が中心となって毎年夏至の日に開くイベント「カルチャーナイト」では、7年続けて北海道女性農業者倶楽部（マンマのネットワーク）の講演会「食と健康」の講師を務め、豆ご飯の巻きずしなどを用意しました。若いお母さんたちに、「大豆などの豆ご飯を炊く時には、コンブだしと少々の酒とみりんを加えると大豆の臭味が取れる」と説明すると、たいそう喜ばれました。何年も講師を務めたので、そろそろ講師を辞めようかと思っていたら、新しく会長になった本別町の山田富江さんから「今年も絶対続けてくださいね。お願いしますよっ」と詰め寄られました。まだしばらくマンマの講師は続きそうです。

食べることは健康の源

地域の老人クラブの会長もしており、昨年は年4回の食事会を開き、それぞれの会で寿司、おにぎり、丼、そばとメニューを決めて、参加した約30人のお年寄りに手料理を振る舞いました。昨年11月の会は丼で、牛、豚、鶏、あんかけの4種類を人数分つくりましたが、食べてもらう前に私が一言講釈。「食べることは健康の源。がん予防は免疫力を高める食事をすればちゃんとできる。どうすればいいかって。知りたい人は弁当箱を持って我が家へいらっしゃい」。すると、どっと拍手喝さいです。いずれ「村井じいの86歳おいしい親父レシピ」なんて料理本を出版できたらいいな、などと妄想しているところです。

ですから家でも83歳になるおかあが、台所に立つと私も一緒に調理をします。娘が3人いて、札幌と留萌に住んでいます。孫も6人いて、娘家族がわが家にそろうと、必ず私が豆ご飯や得意料理をふんだんに出します。家族との食事は、何ものにも代えがたい貴重な時間です。娘と孫たちに囲まれた食卓は、まさに「食べることは健康の源」だと感じる瞬間です。

黒千石の広報マンのようにあちこち出歩いていますが、おかあからは「年を考えてもういい加減にしなさいっ」と叱られています。出張先にいる時には、おかあは朝の8時半に必ず携帯に電話をかけてきます。それだけ心配なのでしょうね。でも97歳まで生きた親父も90歳までバイクにまたがっていました。母親に「危ないから止めなさい」と言われるまで乗っていましたが、私もそんな血を引いているのでしょうね。この前ハシゴを使って屋根に登ろうとした時、おかあから「危ないから止めなさい」と言われました。親父とまったく一緒です。こんな調子でいまだやんちゃを続けていますが、それも黒千石を毎日食べているお陰だと改めて実感しています。

最後は一人一人の「健康てんでこ」

行政と長年にわたって関わってきたからこそ言えるのですが、市民や町民、村民と直接接する自治体の最も大切な仕事は、「住民の健康管理」です。これが一番大事なのです。町議、道議合わせて24年続けてはっきりそう言えます。町議時代は暴飲暴食、寝不足が続き、体重は80キロを超え、糖尿病で悩まされていました。それが黒千石を長年食べ続けて、不思議なもので血糖値も下がったのです。黒千石との出会いがなかったら、今はどんな闘病生活を送っているか想像もつきません。

住民の健康がなければ、福祉も医療も教育もうまくいきませんし、自治体の財政も圧迫します。経験から言えることは、行政に頼らず一人一人が自らの健康管理を怠らないことも、行政が行う健康管理と同様にとても大事だということです。その視点からも黒千石が持つ優れた機能性は、高齢化が進むこれからの健康社会を支え築いていく大きな力になると私は確信しています。いま人生を振り返ると、世のため人のために走り続けてきたと実感しています。それは親父の教えでもありました。「これでいいのか北海道農業、健康管理、家庭の食事!」そう声を上げて自分を鼓舞し、たくさんの人たちを巻き込みながら先頭に立ってきました。そんな活動が認められて、北海道が主催する２０１４年度「女性・高齢者チャレンジ活動表彰」の最優秀賞を受賞しました。社会に貢献したいとの思いで行動してきた私にとって、この受賞は望外の喜びです。ともに活動してきてくれた皆さんに感謝の気持ちでいっぱいです。

最後にこの本の制作にあたり、黒千石制作委員会並びに、黒千石応援団の方々にはたいへんお世話になりました。中でも企画立案並びにすてきなイラストを描いてくださった絵本作家のすずきももさん、そしてマンマのネットワーク事務局長で、黒千石の販売の先頭に立ってくれている良きアドバイザーの片山寿美子さんには厚く厚く心の底から感謝申し上げます。

２０１８年2月４日、86回目の誕生日に

村井 宣夫

奇跡を未来へつなごう

我ら黒千石応援団

JFEエンジニアリング　北海道支店
（元札幌市経済局農政部）
三部　英二
＊小粒でも目指す姿は農業の王道。生産と消費の均衡ある発展を！

一般社団法人 北海道地域農業研究所
黒澤　不二男
＊黒千石「柄はこまいが中味はみっちり、食べて満足、作ってバンザイ！」

公益財団法人北海道農業公社
竹林　孝
＊黒千石復活の物語は北海道農業の可能性を示す範だと思います。

農家　長沼町
麻田　信二
＊今日もまた黒千石パワーで頑張れる、毎日食べて認知症予防、感謝黒千石。

北海道立総合研究機構食品加工研究センター
柳原　哲司
＊黒く輝く道産子スピリッツ、次世代に引き継げ先人の知恵と努力！　小さな体で大きな健康パワー！　どさん子の元気の象徴黒千石大豆！

アールズセミナー　代表取締役
佐々木　亮子
＊村井さんががんばっているから、みんな黒千石を応援するのです。

北海道銀行
アグリビジネス推進室　産業戦略部長
土屋　俊亮
＊黒千石。小さな豆に大きなパワー。北海道の宝物。応援します！

キャスター
慶応義塾大学 大学院特任教授
林　美香子

ファームまつもと　札幌市
松本　千里
＊普通の大豆より栽培に手間がかかる黒千石です。しかし、栄養成分が際立って豊富な上に美味しく、食べやすいので無理なく日常の食生活に取り入れられる大豆です。

豆と雑穀と野菜のコーディネーター
辻本　宜子
＊黒千石大豆を使った「お豆たっぷり国産五目ごはんの素」を監修しました。

HERB & COOKINGROOM KINA 代表　札幌市
大澄　かほる
＊炊いてよし、炒ってよし、眺めて良しの黒千石。応援しつづけます！

大豆料理研究家
小葉松　弘恵

北海道女性農業者倶楽部（マンマのネットワーク）

本別町
山田　富江
＊ちっちゃな黒千石大豆で「健康てんでこ」を推進中の村井さんの元気に感服。元来の黒千石大豆を大切にしたいですね。

北のカレー工房きらら　中富良野町
九栗　貞子
＊小さいけど、まめまめしく達者で力持ちの黒千石大豆と村井さんにあやかり「健康てんでこ」を守り私も頑張ります。

すずきっちん　芽室町
鈴木　由加
＊黒千石豆ご飯と豆大福もち、きな粉おはぎ等々黒千石の加工品で頑張りました。黒千石大豆を大事にしたいですね。

アグリマンマごはんや　鹿追町
鳩　彰子
＊小さな力持ちの黒千石大豆を世に送り出した村井さんの熱意に感動しています。努力を無にしたくないですね。

緑夢ファーム　北見市 常呂
寺町　敬子
＊小さな小さな黒千石大豆、平成の世によみがえってまめまめしく元気ネットを広げ、元気つないでます。

恵みの庭柴田農園　恵庭市
柴田　照子
＊黒千石大豆と村井さんを見ていると小さな努力が大きく実るそんな夢が持てます。

花茶　千歳市
小栗　美恵
＊健康講座でのお話など、村井さんの情熱には唯々感服です。筋金入りの黒千石大豆を大事にしましょうね。

マンマのネットワーク応援団

本別町
山田　哲夫
＊屑豆と誤解された無名の黒千石を、有名な黒千石大豆にした村井さんの努力に敬意を表します。

札幌市
藤瀬　美枝子
＊小さな黒千石大豆の販売を手伝いながら勇気と元気を一杯手にしました。

札幌市
黒野　瑠璃子
＊食べておいしい黒千石大豆、いろいろな料理法で食べ続けてパワフルさを実感しています。

札幌市
菅原　直子
＊健康てんでこ、村井さんの元気の源は黒千石大豆でしたね。私も黒千石から元気もらってます。

北竜町
林　綾乃

北竜町
大森　由衣

北海道新聞出版センター
横山　百香

農家　新得町
スローフードフレンズ北海道　代表
湯浅　優子

高橋ファーム　えりも町
高橋　祐之

マーレ旭丸　せたな町
西田　たかお

Air-G' 東京支社長
千葉　ひろみ

三笠すずき農園　代表取締役
オフィスアン　代表取締役社長
鈴木　秀利

立命館大学　教授
スローフードジャパン　代表
石田　雅芳

北海道テロワール　代表取締役社長
川口　剛

ジャーナリスト
北海道大学　客員教授
久田　徳二

「ひとりCSA」代表　赤井川村
ミリケン　恵子

有機農家　余市町
安斎　由希子

北の百姓　岩見沢市
豆くう人びと岩見沢　会長
前田　直和

木田農園　札幌市
野菜直売所「とれたす。」　代表
木田　和良

絵本セラピスト　札幌市
高橋　貴美

ふぞろいの北の野菜と果物を応援する会

代表
南　信子

副代表
丸谷　和豊

北海道食の自給ネットワーク

代表
中原　准一

事務局長
大熊　久美子

理事
吉田　知子

理事
山崎　栄子

理事
井上　久子

＊在来種の黒千石大豆を応援します。

（※順不同）

村井 宣夫（むらいのぶお）プロフィール

●1932年（昭和7年）2月4日、雨竜郡北竜町に農家の次男として生まれる。尋常小学4年生の12月に太平洋戦争が勃発。学校も地域社会も正常を欠き、授業は中止。犯罪の横行、食料不足、伝染病が蔓延する世の中で「辛抱と我慢と忍耐」を学ぶ。

●尋常小学校の教育期間のうち、戦時中の3年4カ月は戦災で中断。地域防災や援農に追われる日々。義務教育はおろか教育理念倫理までも放棄された時代の教育孤児である。

●父親より「勉強は何時でも何処でもできるもの」「健康は自分で管理せよ」「社会人に必要なことは体験と経験と実践だ」と叩き込まれ、父親の背中を眺めながら自ら頑張ってきた。

●社会活動としては各種組織活動をはじめ、激しい農民運動に20年間身を置き、町議会議員、道議会議員などの行政活動も20年ほど経験する。一貫して北海道農業を基盤に闘志満々に真摯に取り組んできた。

●そんな活動が、道庁に訪ねて来た商社（あづま食品）の要請をきっかけに黒千石大豆の復活栽培事業に結びつく。聞きしに勝る豊かな機能性に恵まれた「蘇った黒千石」が北海道ならではの産物として発展し、未来に夢と希望を託せるよう、期待してゆきたい。

ちっちゃくて ちからもち
黒千石大豆〜Story&Recipe
著／村井 宣夫 ＋ 黒千石制作委員会

黒千石制作委員会
片山 寿美子（企画・レシピ監修）
雄谷 淳史（企画）
すずき もも（企画・編集・ディレクション・イラスト）
安川 誠二（執筆・編集）
円山オフィス（執筆・編集・装丁・デザイン）
保苅 徹也（撮影）
範國 有紀（レシピ再現・スタイリング）
写真提供／乙部町・おかだ農園他

発行日　2018年4月7日　初版第一刷
発行所　中西出版株式会社
　　　　〒007-0823　札幌市東区東雁来3条1丁目1-34
　　　　TEL 011-785-0737
印刷所　中西印刷株式会社
製本所　石田製本株式会社

落丁・乱丁などがございましたらお取り替えいたします。
本文・イラストレーションなどの無断転載・複製を禁じます。
ISBN 070-4-89115-347-2　C0077

参考文献

田村豊幸『大豆はなぜ体によいか』（健友館 1985年）、渡辺篤二監修『豆の事典』（幸書房 2000年）、松山善之助、山下道弘他『黒ダイズ』（農文協 2003年）、『農家直伝 豆をトコトン楽しむ』（農文協 2010年）、加藤淳・宗像伸子監修『すべてがわかる！「豆類」事典』（世界文化社 2013年）、長谷川清美『べにや長谷川商店の豆図鑑』（自由国民社 2015年）、木村秋則監修『自然栽培』4号『タネの秘密』（東邦出版 2015年）、長谷川清美『日本の豆ハンドブック』（文一総合出版 2016年）、福谷正男『キレイの秘密、「豆」生活。』（幻冬舎 2017年）、『自然栽培』10号「大豆、一大事。」（東邦出版 2017年）

取材協力

北海道立総合研究機構中央農業試験場遺伝資源部、乙部町役場、北海道女性農業者倶楽部（マンマのネットワーク）